"CLAMA A MÍ, Y YO TE RESPONDERÉ, Y TE ENSEÑARÉ COSAS GRANDES Y OCULTAS QUE TÚ NO CONOCES.".

Jeremías 33:3

UN ESTUDIO BÍBLICO SOBRE

CÓMO LLEGAR A SER UNA MUJER DE

ORACIÓN

CYNTHIA HEALD

AUTORA DEL ÉXITO DE LIBRERÍA

Cómo ser una mujer con propósito

Publicado por
Editorial **Unilit**
Miami, Fl. 33172
Derechos reservados

Primera edición 1998

© 1996 por Cynthia Heald.
Originalmente publicado en inglés con el título:
Becoming a Woman of Prayer por Navpress
Colorado Spring, CO. 80935
Esta edición ha sido contratada con NavPress,
una división de The Navigators, U.S.A.
Todos los derechos reservados.

Traducido al español por: Silvia Bolet de Fernández

Citas bíblicas tomadas de la "Biblia de las Américas"
© 1986 The Lockman Foundation, y "La Biblia al Día"
© Living Bibles International.
 Usadas con permiso.

Producto 497228
ISBN 0-7899-0403-9
Impreso en Colombia
Printed in Colombia

Contenido

SUGERENCIA DE CÓMO USAR ESTE ESTUDIO

Este estudio ha sido diseñado para ser usado en forma individual, en pequeños grupos y para cualquier edad de mujeres o grupo familiar. Muchas de las preguntas te guiarán a pasajes de la Escritura. Pídele a Dios que te revele Su verdad por medio de Su Palabra, y no te preocupes por respuestas "erradas". Las referencias de estudio bíblico, tales como comentarios, enciclopedias y libros manuales, pueden ayudarte a comprender algunos pasajes en particular al proveerte un trasfondo histórico, contextos e interpretaciones en común. (En algunos casos, necesitarás usar un diccionario regular, para las definiciones generales de las palabras.)

Otras preguntas te harán reflexionar acerca de tu propia vida. Hazte estas preguntas en forma honesta y concienzuda; sin embargo, si estás haciendo este estudio en grupo, no te sientas presionada a revelar detalles privados de experiencias de tu vida.

Este estudio te animará a crecer en tu intimidad con Dios al explorar qué enseña la Biblia sobre la oración. Pero estudiar sobre la oración nunca debe ser un substituto de la oración misma. Por lo tanto, en cada sesión comienza y termina con una oración. Para comenzar tu estudio, se ha seleccionado una oración de preparación inspirada en cristianos de profunda vida devocional. Para cerrar, se te invitará a que escribas una breve oración expresándole a Dios el sentir de tu corazón y la respuesta prometida por Él. Tus reflexiones serán enriquecidas a medida que las sumerjas en la oración. Sin embargo, la Biblia revela que la oración y las Escrituras están entrelazadas, de manera que puedes comenzar, si así lo deseas, memorizando el pasaje de la Escritura sugerida al comienzo de cada sesión. Deja que la Palabra de Dios more dentro de ti mientras estudias y oras. El último capítulo de *Cómo llegar a ser una mujer de oración* es una guía para pasar un tiempo a solas con Dios, por un breve espacio de tiempo o el retiro de todo un día. Si te estás reuniendo con un grupo para esta última sesión, separa un tiempo personal con el Señor y luego vuelve a reunirte para compartir tus experiencias o para cerrar con una oración colectiva.

Las citas de predicadores y escritores famosos han sido cuidadosamente seleccionadas para mejorar su comprensión y deleite del contenido en *Cómo llegar a ser una mujer de oración*. Las referencias para estas citas (vea la sección de *Notas* al final del libro) proveen una excelente lista de lectura devocional.

PREFACIO

"Soy yo, soy yo, soy yo, oh Señor, de pie necesitando de la oración" es una canción que aprendí cuando era una niña. Las palabras aún tienen para mí un verdadero significado ahora que soy una mujer adulta. No sólo necesito oración mientras otros interceden por mí, sino que *tengo necesidad* de pasar tiempo en oración.

Yo escribí este estudio por mi necesidad de oración. Dios me hizo ver muy claramente, que era tiempo de comenzar a profundizar mi vida de oración y que la mejor forma de hacerlo era con *Cómo llegar a ser una mujer de oración*. Este es un aspecto formidable del carácter de Dios: Él nos muestra nuestra necesidad y luego comienza a suplir en forma creativa esa necesidad.

Si deseas profundizar tu comprensión de la oración para orar más efectivamente y acercarte a tu Señor, entonces quizás este estudio te resulte de bendición.

Durante mi estudio sobre este tema he orado, llorado y he sido profundamente desafiada. Las oraciones de los santos en las Escrituras me han ayudado a verbalizar mis oraciones, y las oraciones de cristianos de siglos pasados y contemporáneos han tocado mi corazón. Los pasajes sobre la oración me han informado y enseñado cómo orar de acuerdo a la Palabra de Dios. El fundamental principio de la oración, que me sobrecoge, es que Dios desea tener intimidad conmigo, y Él desea tanto esta relación que me invita, anima y ayuda a orar.

Con tan increíble invitación de nuestro Padre extendida hacia mí, me di cuenta de que no sería sabio rechazar tal oferta de compañerismo y participación en Sus planes. Así que comienzo a entrar en el cuarto interior y orar. Te invito a que te unas a mí, pero más importante es que Dios te invita a que te unas a Él.

Dios te bendiga ricamente a medida que estudias este libro. Mi oración a Dios es que tu vida sea cambiada al escoger ser una mujer de oración.

Cynthia Heald

El objetivo principal de la oración es glorificar al Señor Jesús.
Debemos pedir en el nombre de Cristo "para que el Padre sea glorificado en el Hijo" (Juan 14:13).
No debemos buscar riqueza o salud, prosperidad o éxito, facilidad o comodidad, espiritualidad o plenitud de frutos en el servicio simplemente para nuestro propio placer o progreso, sino solamente por causa de Cristo, para Su gloria.

Sacado de The Kneeling Christian

CAPÍTULO UNO

UNA INVITACIÓN A LA INTIMIDAD

*"Clama a mí, y yo te responderé y te revelaré
cosas grandes e inaccesibles,
que tú no conoces."*

JEREMÍAS 33:3

*¿Qué tal si Dios no demanda de nuestra oración
tanto como nos ofrece? ¿Qué tal si Dios desea
que oremos para poder satisfacernos?
¿Qué tal si la oración es primariamente
permitirnos a nosotros mismos ser amados,
dirigidos y reclamados por Dios?
¿Que tal si orar significa abrirnos nosotros
mismos al don de Dios mismo y Su presencia?
¿Qué tal si nuestra parte en la oración es
primordialmente dejar que Dios sea el dador?
¿Podemos pensar que la oración no es
una obligación sino la oportunidad de
experimentar un amor sanador y
transformador?*[1]

MARTIN SMITH

El Dios eterno, soberano y majestuoso del universo desea tener intimidad con nosotros! Él desea que nosotros le llamemos, le contemos nuestras tristezas y le alabemos. Él anhela amarnos, refrescarnos, animarnos y desea contestar a nuestro llamado y revelarnos grandes e inescrutables pensamientos. Dios desea que sepamos que Él siempre está listo para estar en íntima comunión; Él siempre está dispuesto a escuchar. Él desea tanto ser parte de nuestras vidas, de manera que con naturalidad vayamos a Él en todo tiempo. Él nos dice que tenemos libertad de clamar a Él dondequiera que estemos, por cualquier cosa que tengamos en nuestros corazones. Su deleite es estar involucrado con Sus hijos y la oración es su don y su invitación a la intimidad.

Oración de preparación

Al comenzar este capítulo, ore con Julian de Norwich (siglo catorce) para tener el deseo de responder el llamado de Dios a tener intimidad con Él:

> Dios, de tus bondades, dame a ti mismo porque Tú eres suficiente para mí. Yo no puedo propiamente pedir nada menos, que ser digno de ti. Si fuera a pedir menos, siempre estaría necesitando. Sólo en ti lo tengo todo.[2]

Dios nos invita a orar

1. Dios declara continuamente su deseo de compartir con nosotros. ¿De qué manera los siguientes pasajes muestran el deseo de Dios de nuestra intimidad con Él?

Jeremías 29:11-14

Romanos 8:14-17

Apocalipsis 3:14-22

Orar es dejar que Jesús entre a nuestros corazones.
Esto nos enseña en primer lugar, que no es nuestra
oración lo que mueve al Señor Jesús. Es Jesús el que
nos mueve a orar. Él toca. Por lo tanto Él da a
conocer su deseo de entrar a nosotros. Nuestras
oraciones siempre son un resultado del toque de
Jesús en las puertas de nuestros corazones.[3]

O. HALLESBY

---

2. Porque Dios nos ha reconciliado con Él por medio de la redención ofrecida a través de Jesucristo, nosotros podemos responder a la invitación de Dios. ¿Qué seguridad de acceso a nuestro Padre celestial se ofrece en Hebreos 4:14-16?

> *Es un trono puesto a propósito para la dispensación
> de gracia y del cual toda expresión es una expresión
> de gracia. El cetro que sale de él mismo es el cetro de
> plata de gracia. Los decretos que él mismo proclama
> son propósitos de gracia. Los dones que están
> repartidos a lo largo de sus escalones dorados son
> dones de gracia, y Aquel que se sienta sobre el trono
> es la gracia misma. Este es el trono de la gracia a
> donde nos acercamos cuando nosotros oramos, es
> una fuente poderosa de ánimo para todos nosotros
> que estamos orando, hombres y mujeres.*[4]
> CHARLES SPURGEON

3. Haz memoria en tu experiencia con Dios. ¿Cuál ha sido tu idea sobre la oración: Nuestro ir a Dios o que Dios venga a nosotros? ¿Por qué?

Dios se complace cuando nosotros oramos

4. A menudo mi oración es que Dios me muestre cómo agradarle. ¡Pienso en términos de *hacer* actividades con personas, pero Dios recibe placer de nuestros deseos de *estar* con Él! ¿Qué indican estos versículos sobre cómo Dios recibe nuestras oraciones?

Salmos 141:1-2

Hay cuatro semejanzas entre éstas [oración e incienso]: 1. En qué ha sido golpeada y hecha polvo antes de ser usada. Así la oración aceptable procede de un corazón roto y contrito. *2. No sirve de nada hasta que se puso bajo el fuego, y se sacó del altar. Ni es esa oración de virtud alguna o eficacia si no es encendida con el fuego de lo alto, el Espíritu Santo de Dios, el cual tenemos de nuestro altar, Jesucristo. 3. Este naturalmente asciende hacia arriba hacia los cielos, como todas las ofrendas en Hebreo son llamadas "ascensiones", levantadas. 4. Arroja un dulce aroma, éste era uno de sus propósitos en el servicio del templo, donde se quemaba tanta carne y sangre. Así la oración arroja un dulce aroma a Dios; un aroma de descanso, en el cual él tiene complacencia.*[5]

JOHN OWEN

5. Medita por un momento sobre la promesa del gozo de Dios en una experiencia íntima contigo. ¿Cómo influye esto en tu actitud hacia la oración?

REFLEXIONES DE LA AUTORA

Dándome cuenta de que cuando llamo a Dios, Él está comprometido a contestar con grandes e inescrutables revelaciones, me llena de asombro y humildad. Comprender que Dios desea impartir fortaleza espiritual y refrigerio, me anima a sentir que no tengo que ir con una agenda llena cuando me encuentro con Dios. Él me ha invitado, así que respondo escogiendo contestar Su pedido de compañerismo. Qué bueno es ver la oración como una oportunidad de recibir del Señor y como un momento para "rendir un dulce aroma a Dios".

El deseo de intimidad con Dios debe ser el deleite de mi vida y una decisión hecha con gusto. Pienso en Daniel. No importaba cuáles eran los decretos o cuál era su itinerario; nada lo detenía de pasar su tiempo con Dios. De seguro Dios le reveló a Daniel cosas increíbles que él no sabía. Yo estoy profundamente consciente de mi necesidad de este increíble recordatorio de parte del Señor en cuanto a lo mucho que Él desea bendecirme.

Él nos invita, y espera que nosotros le llamemos.

Cuando un hombre nace de arriba, la vida del Hijo de Dios nace en él, y él puede matar esa vida de hambre o alimentarla. La oración es la forma en que la vida de Dios es alimentada. Nuestros puntos de vista corrientes sobre la oración no se encuentran en el Nuevo Testamento. Nosotros vemos la oración como el medio de recibir cosas para nosotros; la idea de la Biblia sobre la oración es que nosotros podamos conocer a Dios mismo.[6]
OSWALD CHAMBERS

Una oración por intimidad

El deseo del corazón de David era responder al llamado de Dios a la intimidad. En respuesta a tu estudio en este capítulo, ora la siguiente oración con el salmista David. Considera añadir tu propia oración para ser sensible a cómo Dios está llamándote a una intimidad más profunda con Él.

LA ORACIÓN DE DAVID

Escucha, oh Señor, mi voz cuando clamo;
ten piedad de mí, y respóndeme.
Cuando dijiste: Buscad mi rostro, mi corazón te respondió:
Tu rostro, Señor, buscaré. (Salmos 27:7-8)

MI ORACIÓN

Escritura sugerida para memorizar
Jeremías 33:3

CAPÍTULO DOS

ORANDO EN FE

*Pero que pida con fe, sin dudar, porque el que
duda es semejante a la ola del mar, impulsada
por el viento y echada de una parte a otra.
No espere, pues, ese hombre, que recibirá cosa
alguna delSeñor, siendo hombre de doble ánimo,
inestable en todos sus caminos.*

SANTIAGO 1:6-7

*No necesitamos esforzarnos y tratar de forzarnos
a creer o tratar de echar afuera las dudas
de nuestros corazones.
Ambas cosas son inútiles.
Comenzamos a darnos cuenta de que podemos
traer todo a Jesús no importa lo difícil que sea;
y no tenemos que estar asustados por nuestras
dudas o nuestra débil fe, sino tan sólo decirle
a Jesús cuán débil es nuestra fe.
Hemos dejado que Jesús entre a nuestros
corazones, y Él cumplirá los deseos
de nuestro corazón.*[1]

O. HALLESBY

Saber que Dios desea nuestra comunión, nos anima a orar. Pero hay un elemento necesario para orar que Dios necesita de nosotros para que nuestras oraciones sean contestadas. Lo que Dios desea es nuestra fe. La fe es creer, esperar, depender y confiar. John D. Grassmic escribe: "La fe que descansa en Dios es una firme confianza en Su poder omnipotente e indefectible bondad".[2] Si nosotros vamos a algún amigo con una petición especial, por lo general vamos y le pedimos porque creemos que ese amigo puede y nos va a ayudar. Así sucede con el Señor. A Él le complace cuando le pedimos creyendo que Él nos escucha y nos contestará.

Oración de preparación

Al iniciar este estudio, haz tuya esta oración de Thomas á Kempis (siglos catorce y quince) para tener más fe.

Danos, oh Señor, corazones firmes que no sean influenciados por amores falsos; corazones valientes que no se rindan con los problemas, corazones justos que no se desvíen hacia metas impuras o indignas. Danos también, nuestro Señor y Dios, entendimiento para conocerte, diligencia para buscarte, sabiduría para reconocerte y fidelidad que nos lleve a verte cara a cara.[3]

Fe en Dios

1. Pablo escribe en Efesios que tenemos libertad y acceso a Dios con confianza por medio de la fe en Jesucristo (Efesios 3:12). En el aposento alto, Jesús enseñó la importancia de la fe y su relación con la oración. Lee Juan 14:8-15, y escribe todo lo que aprendas de estos versículos sobre la oración.

Así como nosotros oramos en el nombre de Jesús,
es lo mismo que si Jesús fuese el que orara por
nosotros. Es igual que, permíteme decirlo
suavemente para que suene muy reverente,
como si Jesús pusiera sus brazos sobre los tuyos
y te llevara hasta el Padre, y dijera:
"Padre, he aquí a un amigo mío; tenemos
buenas relaciones. Por favor dale cualquier cosa
que te pida, hazlo por Mí." Y el Padre se inclina
rápidamente y con gracia responde: "¿Qué deseas?
Tú puedes tener cualquier cosa que desees cuando
Mi Hijo lo pide."[4]

S.D. GORDON

2. Jesús enseñó claramente a los discípulos el valor de la fe.
Lee Marcos 11:20-26 e indica las instrucciones de Jesús
en cuanto a la oración.

> *Jesús exhortó a sus discípulos a creer que ya habían recibido lo que habían pedido en oración. La fe lo acepta como si fuera un hecho, aunque la respuesta en sí esté aún en el futuro. Jesús hizo esta promesa en la reconocida premisa de que las peticiones tienen que ser hechas en armonía con la voluntad de Dios. Esto capacita a la fe a recibir las respuestas que Dios da. Dios siempre está dispuesto a responder a las oraciones de los creyentes en obediencia, y ellos pueden pedirle sabiendo que ninguna situación o dificultad es imposible para Él.[5]*
>
> JOHN D. GRASSMIC

Fe en su voluntad

3. Es esencial una fe inquebrantable en la manera en que Dios contesta las oraciones. ¿Qué nos enseñan estos versículos de las Escrituras sobre cómo debemos orar, basados en nuestra confianza delante de Dios?

Santiago 1:5-8

1 Juan 5:13-15

Creer lo que Dios dice en Su Palabra es fe. Si yo
voy a tener fe cuando oro, tengo que encontrar
una promesa en la Palabra de Dios en la cual
descansar mi fe. Además la fe viene por el Espíritu.
El Espíritu conoce la voluntad de Dios, y si yo oro
en el Espíritu, y busco del Espíritu para que me
enseñe la voluntad de Dios, Él me guiará en oración
según esa voluntad, y me dará la fe que la oración
será contestada; pero de ninguna manera
la verdadera fe viene simplemente por determinar
que vas a recibir las cosas que deseas tener. Si no
hay una promesa en la Palabra de Dios, y ninguna
guía clara del Espíritu, no puede haber una fe real, y
no debiera haber ninguna recriminación a uno
mismo por falta de fe en ese caso.[6]

R.A. TORREY

4. Fe es de cierto un elemento crítico de la oración. A la luz
de los versículos que acabas de estudiar, ¿cómo caracte-
rizarías tu fe cuando oras?

REFLEXIONES DE LA AUTORA

Yo tengo cuatro preciosos hijos ya grandes. Imagine que uno de ellos me llama y me dice: "Mami, me gustaría pedirte que vinieras y te quedaras con los niños, pero va a estar un amigo nuestro aquí para estar contigo porque temo que te vayas a llevar algo o que puedas maltratar a uno de los niños." ¿Qué pensaría yo? ¿Iría? ¿Cómo le respondería?

De cierta forma, esto es lo que Dios está tratando de comunicarnos cuando Él dice que tenemos que tener fe cuando le hablemos. Yo amo a mis hijos profundamente y cuando ellos me llaman y me piden ayuda o consejo de cualquier índole, ellos saben que yo les responderé. Ellos tienen fe en mí por nuestra relación de amor.

También, porque mis hijos me conocen bien, nunca me pedirían que yo haga algo que comprometa mi carácter, y ellos confían en que mi discernimiento acerca de que lo que yo pienso es la mejor forma de contestar su petición.

De igual manera es con Dios: A Él le agrada cuando nos volvemos a Él en dependencia y confianza. Cuando pedimos en el nombre de Su Hijo, de acuerdo a su carácter, Dios se deleita brindándonos su amor, su sabiduría y su confianza. Mientras experimentamos su fidelidad podemos cantar, "Mi fe mira hacia lo alto, hacia ti, Cordero del Calvario, Salvador divino!"[7] Nuestra fe nunca está fuera de lugar cuando se deposita en Él.

> *Déjame recordarte, Él no le dice a todos los hombres: "Te daré lo que me pidas." Eso sería una cruel amabilidad. Pero Él lo dice a sus discípulos que ya han recibido una gran gracia en sus manos. Es a sus discípulos a quienes les confía este maravilloso poder de la oración.[8]*
> CHARLES SPURGEON

Una oración para fe

David expresa su fe en Dios en el Salmo 18. Ora junto con sus pensamientos y añade los tuyos pidiendo confianza en la bondad y suficiencia de Dios.

ORACIÓN DE DAVID

Yo te amo, Señor, fortaleza mía.
El Señor es mi roca, mi baluarte y mi libertador;
mi Dios, mi roca en quien me refugio;
mi escudo y el cuerno de mi salvación,
mi altura inexpugnable.
Invoco al Señor, que es digno de ser alabado,
y soy salvo de mis enemigos."
(Salmos 18:1-3)

MI ORACIÓN

Escritura sugerida para memorizar
Santiago 1:5-7

CAPÍTULO TRES

LA AYUDA DE DIOS
EN LA ORACIÓN

*Y de la misma manera, también el Espíritu nos
ayuda en nuestra debilidad; porque no sabemos
orar como debiéramos, pero el Espíritu mismo
intercede por nosotros con gemidos indecibles.*

ROMANOS 8:26

*La oración no es para llamar la atención del Señor,
sino para dejar que Él nos guíe en oración por lo
que Él está más dispuesto a dar que nosotros
podamos estar para pedir.*[1]

LLOYD JOHN OGILVIE

Dios desea que le conozcamos, que tengamos compañerismo con Él, y confiemos en Él. Pero Él no nos deja a nosotros averiguar cómo alcanzarlo por medio de la oración; Él provee su bendito Espíritu Santo para que nos ayude. ¡Para muchos de nosotros que sentimos muy a menudo que no sabemos cómo orar, estas son muy buenas noticias! El Espíritu de Dios intercede por nosotros cuando vamos a Él. Esta es otra confirmación de cuánto desea Dios que oremos. Él sólo pide que llevemos a Él un profundo deseo de permanecer en Él por fe. Qué benditos somos al estar en relación con nuestro Dios, quien nos da todo lo que necesitamos para una vida de oración.

Oración de preparación

A medida que comienzas esta sesión, haz tuya la oración de S. D. Gordon (siglo veinte) para que puedas confiar de manera más profunda en Dios y su apoyo para tu vida de oración.

> Espíritu Santo, ora en mí las cosas que el Padre desea hacer. Padre, lo que el Espíritu dentro de mí está orando, esa es mi oración en el nombre de Jesús. Tu voluntad, lo que Tú deseas y piensas, que sea hecho completamente aquí.[2]

El Espíritu de Dios

1. Dios conoce nuestras debilidades en la oración, y Él desea ayudarnos. ¿Cómo describen su apoyo los siguientes versículos de la Palabra de Dios?

   Romanos 8:26-34

El Espíritu Santo de Dios nos ayuda en nuestras debilidades, da sabiduría a nuestra ignorancia, cambia la ignorancia en sabiduría, y cambia nuestra debilidad en fortaleza. El Espíritu mismo hace esto. Él nos ayuda y toma control dentro de nosotros mientras nosotros trabajamos sin cesar... Él ruega por nosotros y en nosotros y estimula, ilumina e inspira las palabras y sentimientos de nuestras oraciones. Él obra poderosamente en nosotros para que podamos orar con poder. Él nos capacita a orar siempre y para siempre de acuerdo a la voluntad de Dios.[3]

E.M. BOUNDS

2. Reflexiona en la seguridad bíblica de que el Espíritu Santo intercede por ti cuando oras. ¿Cómo afecta esta verdad tu comprensión de la oración?

3. Dios nos ha dado Su Espíritu como nuestro ayudador y guía. ¿Qué nos enseñan estos versículos sobre cómo orar?

Efesios 6:18

Judas 20-21

4. Las Escrituras enfatizan el orar en el Espíritu. ¿Cuáles son algunas formas en la que nosotros apagamos al Espíritu Santo en nuestra vida de oración?

> *Cuando nacemos de nuevo de Dios y el Espíritu de Dios habita en nosotros, Él se expresa por nosotros sin palabras. "Él", el Espíritu en ti, "hace intercesión por los santos de acuerdo a la voluntad de Dios", y Dios escudriña tu corazón no para conocer cuáles son tus oraciones conscientes, sino para descubrir cuál es la oración del Espíritu Santo. El Espíritu de Dios necesita la naturaleza del creyente como un templo en el cual ofrecer su intercesión.*[4]
> OSWALD CHAMBERS

5. Pablo afirma a los Corintios que el deseo de Dios es bendecir ricamente a aquellos que le aman. Lee 1 Corintios 2:9-16 y escribe tus observaciones sobre la obra del Espíritu Santo en nuestras vidas.

La Palabra de Dios

6. Otra ayuda que Dios nos ha dado es Su Palabra, que es inspirada por el Espíritu Santo. Lee Juan 15:7 y escribe las condiciones de la oración contestada.

7. "Habitar en Cristo", escribe R.A. Torrey, "es renunciar a cualquier vida independiente que tengamos".[5] ¿Por qué piensas que Dios entrelaza tan estrechamente que nosotros habitemos en Él, Su Palabra y la oración contestada?

> *Para resumirlo, si tú deseas ese maravilloso poder en la oración, tienes que mantenerte en una unión amorosa, duradera, viva, consciente, práctica, con el Señor Jesucristo... Para así estar llenos de la Palabra de Dios. Estudia lo que ha dicho Jesús, lo que el Espíritu Santo ha dejado registrado en el libro divinamente inspirado, y en proporción a cómo te alimentes, retengas y obedezcas la Palabra de Dios en tu vida, serás un maestro en el arte de la oración.*[6]
>
> CHARLES SPURGEON

REFLEXIONES DE LA AUTORA

Si estoy permaneciendo, pasando tiempo a solas con Dios y Su Palabra, mi corazón está siendo entrenado a pedir de las cosas eternas de Dios. Mi corazón se establece en "las cosas de arriba, no en las cosas que son de la tierra". A medida que pido por eso que es eterno, comienzo a orar en el Espíritu, de acuerdo a la voluntad de Dios y del fuerte fundamento de la Escritura.

Ha sido una de mis disciplinas a través de los años orar la Escritura dentro del entretejido de mi vida. Al comienzo de cada año le pregunto al Señor qué desea Él que yo logre en mi vida en los próximos doce meses. A medida que escucho y soy sensible al Espíritu y a mi lectura de la Escritura, una necesidad o un versículo de la Escritura es traído a mi mente. Cuando el versículo o los versículos son escogidos, yo hago un señalador de libro con el versículo escrito en él. Lo cubro con papel transparente, lo memorizo y lo pongo en mi Biblia. Luego cada día oro acerca del versículo y le pido a Dios que haga Su Palabra parte de mi vida.

¡Puedo contarte parte de la historia de mi vida con los versículos que he memorizado! Un año escogí a Miqueas 6:8.

Tenía que comenzar a aprender a ser humilde y ese fue el año que Dios de forma fiel y con gracia me permitió pasar por varias situaciones donde la humildad pudo tener un pequeño comienzo como parte de mi carácter. Otro año Dios pareció haber señalado Hebreos 12:1 para mí. Todo ese año le pedí al Señor que me mostrara cómo dejar a un lado el peso en mi vida, para ser consciente del pecado que tan fácilmente me enreda, y para enseñarme a soportar la carrera puesta delante de mí. Orando y meditando sobre ese versículo, cambió mi vida. Dios contestó mis oraciones al mostrarme que complacer a las personas era un gran estorbo en mi vida. Salmos 141:4 atrajo mi atención y comprendí que yo fácilmente comía alrededor de los manjares del pecado. Dios también me enseñó que si yo iba a soportar la carrera, tenía que marcar mi propio paso.

Nuestro Dios de gracia nos da Su Espíritu para respaldarnos en nuestras oraciones. Qué privilegiados somos en buscar su ayuda en la confianza de que Él nos guiará a orar de acuerdo a Su Palabra.

En realidad todo el secreto de la oración se encuentra en estas tres palabras, en el Espíritu. Es la oración que Dios, el Espíritu Santo inspira y que Dios, el Padre contesta... Aquel que ora en el espíritu tiene que meditar mucho en la Palabra, para que el Espíritu Santo pueda tener algo con lo que Él pueda trabajar. El Espíritu Santo obra sus oraciones en nosotros por medio de la Palabra, y el abandono de la Palabra hace el orar en el Espíritu Santo una imposibilidad. Si nosotros alimentamos el fuego de nuestras oraciones con el combustible de la Palabra de Dios, todas nuestras dificultades en la oración desaparecerán.[7]
R.A. TORREY

Una oración concerniente a la ayuda de Dios

David reconoce la ayuda de Dios en el Salmo 138. En tu tiempo con el Señor, eleva esta oración. Añade tus propios pensamientos en cuanto a tu necesidad de oración en el Espíritu y permanecer en Su Palabra.

ORACIÓN DE DAVID

Me postraré hacia tu santo templo,
y daré gracias a tu nombre por tu misericordia
y tu verdad;
porque has engrandecido tu palabra
conforme a todo tu nombre.
En el día que invoqué, me respondiste;
me hiciste valiente con fortaleza en mi alma.
(Salmos 138:2-3)

MI ORACIÓN

Escritura sugerida para memorizar
Romanos 8:26

CAPÍTULO CUATRO

DELEITÁNDOSE EN DIOS

Pon tu delicia en el Señor,
y Él te dará las peticiones de tu corazón.
SALMOS 37:4

Los hombres que se deleitan en Dios no desean
o piden nada sino aquello que agrade a Dios;
por lo tanto no es peligroso darles carta abierta.
Su voluntad está sometida a la voluntad de Dios
y entonces ellos pueden tener lo que desean;
nuestros profundos deseos son satisfechos,
no nuestros pedidos casuales; hay muchas cosas
que la naturaleza pudiera desear y que la gracia
nunca nos permitiría pedir; estas peticiones
profundas y en oración son para las cuales
las promesas son hechas.[1]
CHARLES SPURGEON

S i yo me deleito en el Señor, Él me dará los deseos de mi corazón. ¡Qué gran versículo; qué promesa tan formidable! Si yo realmente amo a Dios y le digo los deseos de mi corazón, entonces tendré lo que desee, ¿no es eso lo que dice el versículo? Si es así, ¿entonces por qué no funciona? ¡Al menos Él debiera otorgarme los deseos buenos y santos! Esta es una pregunta con la que he luchado por largo tiempo, al igual que muchas otras personas. ¿Qué significa realmente este versículo? ¿Cómo el *deleitarme* me asegura que Dios me concederá mis deseos? Esencialmente es que a medida que consideramos cómo convertirnos en mujeres de oración, comprendemos lo que significa deleitarnos en el Señor.

Oración de preparación

A medida que comienzas este capítulo, haz tuya la oración de Ami Carmichael (siglo veinte) para una comprensión de qué es deleitarse en el Señor:

> Eso que no conozco, enséñamelo.
> ¿Quién, bendito Señor, puede enseñarlo como tú?
> Guía mis deseos para que estos puedan ser
> de acuerdo a tu voluntad.[2]

Nuestro deleite en Dios

1. Dios nos pide que nos deleitemos en Él. ¿Qué significa *deleitarse*? (Usa un diccionario para que te ayude a crear tu propia definición.)

2. Es importante para Dios que nos deleitemos en Él. Lee los versículos a continuación y escribe tus pensamientos sobre qué es necesario hacer para deleitarse en el Señor.

Nehemías 1:11

Salmos 1:1-3

Salmos 40:8

Salmos 111:2

Jeremías 15:16

3. Resume estos pasajes de las Escrituras escribiendo las características de alguien que se deleita en el Señor.

*Al principio, yo respondí a su llamado de deleitarme
en Él para asegurar el cumplimiento de su promesa
de darme los deseos de mi corazón. Yo no tenía idea
de que Él me daría un nuevo corazón (Jeremías
24:7). Yo no sabía que Él comenzaría a obrar en mí
para reproducir su propio corazón. Cuando me volví
hacia Él, descubrí que Él mismo es mi gran
recompensa (Génesis 15:1). Él no es, como yo
suponía, el medio para mis fines. En realidad
Él es el deseo de mi corazón.*[3]

JENNIFER KENNEDY DEAN

Dios se deleita en nuestras oraciones

4. En Isaías 66:4 Dios habla severamente a los que "escogieron aquello que no me complacía". Estudia los siguientes versículos y escribe bajo la columna apropiada las decisiones que a Él le agradan y aquellas que no le agradan.

QUÉ AGRADA A DIOS	QUÉ DESAGRADA A DIOS
1 Samuel 15:20-22	
Proverbios 11:20	

QUÉ AGRADA A DIOS	QUÉ DESAGRADA A DIOS
Proverbios 15:8	
Oseas 6:6	

5. Basándote en el estudio de los pasajes anteriores, escribe tus pensamientos sobre por qué las cualidades en las que Dios se deleita son la clave para una vida íntima de oración con Él.

> *Podemos estar seguros de que a medida que nos deleitamos en lo que Dios se deleita, tales oraciones son inspiradas por Dios y tendrán contestación. Y nuestra oración se convierte de forma continua, "Tu deseo, oh mi Padre, son los míos. Tu santa voluntad de amor es la mía también".*[4]
>
> ANDREW MURRAY

REFLEXIONES DE LA AUTORA

En ocasiones estoy un poco indecisa acerca de orar en forma específica por ciertas cosas que deseo. Siempre deseo estar segura de que estoy orando de acuerdo a la voluntad de Dios y no de mis propios deseos egoístas.

Pienso en los israelitas en el desierto cuando oraron porque querían comer carne. Esto no parece ser una petición inapropiada, sin embargo, mostró su descontento con Dios. Salmos 78:18 dice: "Y en sus corazones tentaron a Dios, pidiendo comida *a su gusto*" (énfasis añadido). Ciertamente estas personas no se estaban deleitando en Dios. Ellos eran rebeldes y no creían a Dios; ellos escogieron aquello en lo que Él no se deleitaba. "Él les concedió lo que pedían, pero envió una plaga mortal sobre ellos" (Salmos 106:15).

Quiero estar segura de que me estoy deleitando en la Palabra de Dios, que estoy reverenciando su nombre, y que estoy caminando en obediencia. Porque cuando mi corazón está dispuesto a andar sin mancha delante del Señor, entonces mi deleite es tan sólo su voluntad. Salmos 145:19 nos dice: "Cumplirá el deseo de los que le temen, también escuchará su clamor y los salvará". ¡Y en Salmos 78:18 nos dice que en ocasiones Dios cumplirá el deseo de aquellos que lo ponen a prueba!

De cierto no hay nada malo en dejarle saber a Dios nuestros deseos, pero necesitan ser compartidos dentro del contexto de su voluntad. El Señor, en su oración al Padre, declara claramente su deseo de que esa copa sea quitada de Él. Y continuó diciendo: "pero no se haga mi voluntad, sino la tuya" (Lucas 22:42). Me gusta la oración de Spurgeon: "Señor si lo que yo pido, no te agrada a ti, tampoco me agradará a mí. Mis deseos son puestos en tus manos para ser corregidos. Tacha con tu bolígrafo cada petición que yo ofrezca y que no sea correcta. Y escribe cualquier cosa que yo haya omitido, aunque puede que yo no la hubiera deseado si la hubiese tomado en consideración... 'No como yo deseo, sino como tú deseas.'"[5]

Uno de mis versículos favoritos de la Escritura es: "¿A quién tengo yo en los cielos sino a ti? Y fuera de ti, nada deseo en la tierra" (Salmos 73:25). Yo deseo concentrarme en lo que agrada a Dios, no en lo que me agrada a mí. Este es el clamor de mi corazón, que yo no tenga ningún deleite o deseo en la tierra aparte del Señor.

¿Cuál es el deseo del corazón de un buen hombre?
Es este, conocer y amar y vivir para Dios, agradarle
y sentirse complacido en Él.[6]
MATTHEW HENRY

Una oración para deleitarse en el Señor

Asaf expresa con gran belleza su corazón a Dios y sólo a Dios. Confirma con el Señor tu deseo de deleitarte tan solo en Él haciendo esta oración. Puede que desees añadir tus propios pensamientos a la oración de Asaf.

ORACIÓN DE ASAF

¿A quién tengo yo en los cielos, sino a ti?
Y fuera de ti, nada deseo en la tierra.
Mi carne y mi corazón pueden desfallecer,
pero Dios es la fortaleza de mi corazón
y mi porción para siempre.
(Salmos 73:25-26)

MI ORACIÓN

Escritura sugerida para memorizar
Salmos 37:4

CAPÍTULO CINCO

LAS RESPUESTAS DE DIOS

*Busqué al Señor, y Él me respondió,
y me libró de todos mis temores.*
SALMOS 34:4

*Pienso que en ocasiones nos desanimamos por
causa de una mala concepción del significado
exacto de la expresión "responder", pensando
que significa solamente conceder. Ahora,
una respuesta no es necesariamente
un consentimiento. Puede ser una negación,
una explicación, una promesa, una concesión
condicionada. Es en realidad, simplemente
atención a nuestra petición expresada.
En este sentido, antes que clamemos,
Él responderá, y estando aún hablando,
Él habrá oído [Isaías 65:24].*[1]
MARY B. M. DUNCAN

David testifica que mientras él clamaba al Señor, este le contestaba. La respuesta inmediata de Dios para los apuros de David fue librarlo de todos sus *temores*, ¡no de sus problemas! Jeremías 33:3 nos dice que si clamamos a Dios, Él nos contestará. Dios contesta, pero Él no siempre nos responderá de la forma que pensamos que Él debiera hacerlo. La respuesta que todos deseamos de Dios es ¡Sí! Pero las respuestas de Dios también incluyen el "No", "Espera", y "Confía". Es por esto que es vital que nuestras oraciones no sean de demandas, sino ofrecidas en fe y en el Espíritu de deleitarse en el Señor, en Su Palabra, y en Su voluntad. Comprender que Dios tiene sus maneras de contestar nuestras oraciones es esencial para una oración que prevalece. Reconocer la importancia de dejar la respuesta de nuestras oraciones a un Dios amoroso y soberano es clave para convertirse en una mujer de oración.

Oración de preparación

A medida que comienzas este capítulo, ora con San Ignacio de Loyola (siglo dieciséis) que Dios mismo es respuesta suficiente a todo lo que necesitas.

> Toma, oh Señor, y recibe mi entera libertad, mi memoria, mi comprensión y toda mi voluntad. Todo lo que soy, todo lo que tengo, tú me lo has dado y yo te lo doy de regreso a ti para ser usado de acuerdo a como te plazca. Tan sólo dame tu amor y tu gracia; contigo yo soy suficientemente rico, no pido nada aparte para mí. Amén.[2]

Los dones de Dios en la oración

1. Cuando Jesús enseñó sobre la oración, Él usó una parábola que mostraba que el Padre contestaría, para animarnos. A medida que lees Lucas 11:5-13, responde las siguientes preguntas.

a. ¿Qué debe caracterizar nuestras oraciones
(versículos 5-10)

b. ¿Cómo representa Jesús la respuesta del Padre?
(versículos 11-13)

> *La lujuria espiritual me hace demandar*
> *una respuesta de parte de Dios, en vez de*
> *buscar a Dios quien da la respuesta...*
> *El significado de la oración es que alcancemos*
> *a Dios, no la respuesta.*[3]
> OSWALD CHAMBERS

2. Una Escritura clave en la oración se encuentra en Filipenses. Lee Filipenses 4:6-7 y escribe qué enseña Pablo en cuanto a nuestra oración y las respuestas de Dios.

a. Cómo debemos orar (versículo 6)

b. Cómo Dios responde (versículo 7)

Nosotros pensamos que entendemos mejor que Él cuándo y cómo nuestras oraciones debieran se respondidas... Hacemos uso de nuestras oraciones para convencer a Dios de que vemos la situación bajo la luz correcta, que la respuesta debiera ser dada de inmediato, y que debiera ser como lo hemos planeado... Tememos que Dios no se deje convencer por nuestras oraciones, sino que hará como Él desea a pesar de nuestras súplicas... Cuando en realidad el Espíritu nos ha enseñado que Dios es inexorable en este punto y que Él mismo decide cuándo y cómo nuestras oraciones van a ser respondidas, entonces experimentaríamos descanso y paz cuando oramos.[4]

O. HALLESBY

3. Del pasaje de la Escritura que estudiaste en las preguntas anteriores, escribe tus pensamientos en cuanto a lo que Dios considera importante al contestar la oración.

Dios responde para bien

4. A través de la Biblia, podemos encontrar muchos ejemplos de las respuestas de Dios a su pueblo cuando ellos oraban. Lee los siguientes pasajes. Para cada uno, escribe la petición hecha y la respuesta dada por Dios.

a. Abraham le pidió a su siervo Eliezer, que encontrase una novia para Isaac. Lee la oración de Eliezer en Génesis 24:12-20 y escribe cómo Dios contestó.

LA PETICIÓN	LA RESPUESTA

b. Dios apareció a Salomón en sueños y le pidió que le dijera lo que él deseaba. Lee sobre la petición de Salomón y la respuesta de Dios en 1 Reyes 3:3-14.

LA PETICIÓN	LA RESPUESTA

c. Marta y María llamaron a Jesús cuando su hermano Lázaro estaba enfermo. Lee en Juan 11:1-6 cómo respondió Jesús.

LA PETICIÓN	LA RESPUESTA

d. A Pablo se le dio un aguijón en la carne. Lee 2 Corintios 12:7-10. ¿Cuál fue su oración y qué le respondió Dios?

LA PETICIÓN	LA RESPUESTA

> *Todos tenemos la tendencia de prescribir las respuestas a nuestras oraciones. Pensamos que Dios puede responder de una sola forma. Pero la Escritura nos enseña que en ocasiones Dios responde nuestras oraciones permitiendo que las cosas se empeoren mucho más antes que se mejoren. En ocasiones Él puede hacer lo opuesto a lo que esperamos... Sin embargo, es un principio fundamental en la vida y en el camino de fe, que nosotros siempre estemos preparados para lo inesperado cuando estamos tratando con Dios.[5]*
>
> D. MARTYN LLOYD-JONES

5. Jesús oró al Padre sobre ir a la cruz. Lee la historia en el Evangelio de Lucas (22:39-46) para descubrir la petición de Jesús y la respuesta del Padre.

LA PETICIÓN	LA RESPUESTA

La historia de esta oración de Cristo nos hace libres
de toda idea falsa. Es una preciosa lección de la cruz
donde el fracaso aparente es una victoria eterna.
Una preciosa lección de esta oración es que el
objetivo de ella, no es el logro de la petición,
ni su rechazo una prueba de fracaso. La petición
de Cristo no fue concedida, sin embargo,
Él era el bien amado de su Padre.

Toda oración es para cambiar la voluntad humana
en sumisión a la voluntad divina "según tu
voluntad".... Digo entonces prácticamente, ora
como Él lo hizo, hasta que la oración te haga cesar
de orar. Ora hasta que la oración te haga olvidar
tu propio deseo, y lo dejes o lo unas con
la voluntad de Dios.
La sabiduría divina nos ha dado la oración,
no como el medio por el cual escapamos del mal,
sino como el medio por el cual nos convertimos
más fuertes para encontrarnos con Él. "Entonces
se le apareció un ángel del cielo, fortaleciéndole"
[Lucas 22:43].
Esa fue la verdadera respuesta a Su oración.[6]
FREDERICK W. ROBERTSON

REFLEXIONES DE LA AUTORA

Ciertamente Dios contesta la oración. Él las contesta en su forma, en su tiempo, para nuestro bien y para Su gloria. Siendo esto es cierto, entonces, ¿por qué necesitamos orar?

Por más de veinte años yo he conservado un periódico de Richard Halverson que me ha ayudado a responder esta pregunta. He aquí parte de lo que él escribió: "¡Dios no va a gobernar sin el consentimiento de aquellos sobre los cuales Él gobierna! ¡Dios no es ni tirano ni paternalista!... Y este es el punto de oración. Por la oración el hombre consiente al gobierno de Dios en su vida. Por la oración el hombre busca la voluntad de Dios y cede a ella. Por la oración el hombre le pide a Dios ese deseo que él sabe que necesita y puede recibir sólo de parte de Dios... La oración es ese contacto que el hombre tiene con el Padre celestial para satisfacer las necesidades más profundas de su vida."[7]

¡D.L. Moody tenía por costumbre decir que él agradecía a Dios con todo su corazón que muchas de sus oraciones más fervientes no habían sido concedidas! Puede ser emocionante orar y luego observar cómo Dios contesta. Qué rápido contestó Dios a Eliezer, qué generoso fue Él con Salomón; que experiencia increíble para Marta y María ver a Lázaro ser levantado de los muertos; qué humildad aprendió Pablo de su aguijón. Dios desea bendecir por encima y más allá de lo que podemos pensar o pedir, para dar lo eterno, para fortalecernos, para mostrarnos cosas grandes e inescrutables que pueden venir solamente por medio de la oración.

En una ocasión cuando yo estaba intercediendo diligentemente, pidiendo, buscando y tocando, lo que se me otorgó fue paz, lo que encontré fue la habilidad de perseverar y de confiar, y lo que se abrió fue una intimidad más profunda con el Señor. Mi petición aún no ha sido completamente concedida, pero mi oración ha sido completamente contestada.

Esto nos lleva a una pregunta muy antigua:
La oración influye en Dios? Ninguna pregunta
ha sido más discutida, o más buscada. Los hombres
escépticos con un buen entrenamiento científico han
dicho con gran positivismo, "no" y los hombres
cristianos de entrenamiento académico y fuerte fe
han dicho con igual positivismo "sí". No están
correctos en todas sus declaraciones, ni correctos
en todas sus creencias, ni correctos en todos los
pensamientos que poseen, pero sí correctos en sus
conclusiones finales como aparecen representadas en
estas cortas palabras, "no", y "si". La oración no
influye en Dios. La oración de seguro influye en
Dios. No influye Su propósito. Sí influye Su acción.
Todo por lo que se ha orado, por supuesto que hablo
de toda cosa recta, Dios ya ha tenido el propósito de
hacer. Pero Él no hace nada sin nuestro consenti-
miento. Él ha sido estorbado en sus propósitos por
nuestra falta de disposición. Cuando aprendemos
sus propósitos y lo hacemos en nuestra oración le
estamos dando a Él la oportunidad de actuar.[8]

S.D. GORDON

Oración por confianza en la respuesta de Dios

David expresa su confianza en la habilidad de Dios al responder de acuerdo a su bondad. Ora esta oración con David y
añade tu propia oración por perseverancia que reconozca las
respuestas de Dios.

ORACIÓN DE DAVID

Pero yo elevo a ti mi oración, oh Señor, en tiempo propicio; oh Dios, en la grandeza de tu misericordia, respóndeme con tu verdad salvadora.
Salmos 69:13)

MI ORACIÓN

Escritura sugerida para memorizar
Salmos 34:4

CAPÍTULO SEIS

CUANDO DIOS ESTÁ CALLADO

Mas yo, a ti pido auxilio, Señor,
y mi oración llega ante ti por la mañana.
¿Por qué, Señor, rechazas mi alma?
¿Por qué escondes de mí tu rostro?

SALMOS 88:13-14

Podemos experimentar momentos de cercanía poco
usual,cuando cada oración es contestada de manera
obvia y Dios parece estar íntimo y bondadoso.
Y también podemos experimentar "tiempos de
neblina" cuando Dios se mantiene callado, cuando
nada funciona de acuerdo a la fórmula y todas
las promesas de la Biblia parecen a nuestra vista
como falsas.
La fidelidad involucra el aprender a confiar en que
más allá de los perímetros de la neblina, Dios aún
reina y no nos ha abandonado, no importa cómo
luzcan las apariencias.[1]

PHILIP YANCEY

Muchos de nosotros nos hemos sentido como Hemán, el salmista. Nosotros oramos y nada sucede. ¿Habrá Dios escuchado? ¿Contestará? ¿Me responderá de alguna forma? El estar callado significa estar incomunicado, pasivo. El silencio también puede significar quietud y calma. Tenemos que saber cómo debemos reaccionar cuando hay una aparente actitud de no responder de parte del Señor. Dios ha sido claro en Su Palabra sobre lo que Él puede y no puede escuchar. Es necesario estudiar qué causa que Dios se aleje de nosotros. También es bueno recordar que nosotros no podemos conocer la mente del Señor, porque sus caminos son incomprensibles y sus juicios no pueden ser examinados.

Oración de preparación

A medida que comienzas a estudiar, ora con Benjamín Jenks (siglo diecisiete) por una comprensión de cómo Dios trata con nosotros.

> Oh Dios nuestro, enséñanos a conocerte, y capacítanos para hacer tu voluntad como debe ser. Danos corazones para amarte, para confiar y deleitarnos en ti. Para que ninguna tentación pueda atraernos, ni ninguna tribulación alejarnos de ti; pero que todas tus dispensaciones hacia nosotros, y todo tu trabajo con nosotros, puedan ser los mensajeros de tu amor para nuestras almas, para traernos aun más cerca de tu bendito ser, y para hacernos aun más dignos de tu reino celestial.[2]

Silencio y convicción de pecado

1. Nuestro Dios nos invita a orar, pero en ocasiones parece que Él no responde. Las Escrituras nos dicen las razones por las cuales Dios puede permanecer en silencio. Estudia los versículos escogidos y escribe los obstáculos a la contestación de las oraciones.

Salmos 66:18

Proverbios 21:13

Proverbios 28:9

Ezequiel 14:3

Mateo 5:23-24

Santiago 4:1-3

2. "Por tanto, cuídate y guarda tu alma con diligencia..." (Deuteronomio 4:9) es una buena instrucción a la luz de los versículos en la pregunta 1. ¿Cuáles áreas clave de nuestras vidas necesitamos "atender" para asegurarnos de que Dios escucha nuestras oraciones?

Cualquiera que encuentra sus oraciones sin efecto no debería llegar a la conclusión de que aquello que ha pedido a Dios no es de acuerdo a su voluntad, sino que debería ir a Dios con la oración del salmista : "Escudríñame, oh Dios, y conoce mi corazón; pruébame y conoce mis inquietudes. Y ve si hay en mí camino malo..." (Salmos 139:23-24), y esperar delante de Él hasta que Él ponga su dedo sobre aquello que es desagradable ante Su vista. Luego este pecado debe ser confesado y quitado de ti.[3]

R.A. TORREY

Silencio e intimidad más profunda

3. Job fue un experto en el silencio de Dios. Job era justo, sin embargo, Dios permitió que Satanás lo afligiera. Luego él clamó a Dios por una respuesta, pero por un tiempo todo lo que recibió fue silencio. Lee los siguientes versículos y descubre cómo obró Dios.

a. ¿Cómo expresó Job su queja a Dios? (Job 30:16-20)

b. Cuando Dios finalmente habló a Job, ¿cómo respondió Job? (Job 40:1-5)

c. Después que Dios habló por segunda vez, Job le contestó al Señor. Explica qué piensas acerca de cómo cambió la vida de oración de Job y su relación con Dios después de esta experiencia (Job 42:1-6)

---

4. Job pasó por una difícil escuela de sufrimiento y por una temporada difícil de silencio de parte de Dios. ¿Qué puedes aprender de la experiencia de Job para tu propia vida de oración?

> *Algunas oraciones son seguidas de silencio porque ellas están mal, otras porque son mayores de lo que podemos comprender. Jesús se quedó donde estaba, una demora positiva, porque Él amaba a Marta y María. ¿Recibieron ellas a Lázaro de regreso? Ellas recibieron infinitamente más; llegaron a conocer la mayor verdad que un ser mortal puede conocer, que Jesucristo es la Resurrección y la Vida. Será un momento formidable cuando estemos de pie delante de Dios y encontremos que las oraciones por las que clamábamos al principio y pensamos que nunca fueron contestadas, habían sido contestadas en la forma más increíble, y que el silencio de Dios fue la señal de la respuesta. Si deseamos siempre poder señalar algo y decir: "Esta es la forma que Dios contestó mi oración", Dios no nos puede confiar aún su silencio.*[4]

OSWALD CHAMBERS

REFLEXIONES DE LA AUTORA

Proverbios 15:8 nos dice: "Mas la oración de los rectos es su deleite". Cuando yo siento que mis oraciones están solamente "chocando con el techo" y pienso que Dios no me está escuchando, es bueno poder ir al Señor y pedirle que me señale cualquier pecado en mi vida. ¡Él es muy fiel en responder! A menudo Él trae a mi mente mis transgresiones. Las confieso y soy limpia de toda iniquidad. Luego mi oración es una en la que Él puede deleitarse.

Pero entonces hay momentos cuando siento que Dios está callado y voy a Él y no recibo palabra de que estoy estorbando la oración, pero lo que sí percibo es su presencia, de que Él está conmigo, y que yo debo confiar en Él, en sus caminos y en su tiempo. En otras palabras, debo estar en silencio en su silencio. Estas han sido ocasiones preciosas para mí, el saber que Él está conmigo y que esto es suficiente.

"El período de tiempo de espera para la contestación de alguna petición", dice Lloyd John Ogilvie, "es a menudo compensado por un don mucho mayor del que pedimos. El Señor mismo... El propósito de una oración no contestada es guiarnos desde un nivel de conocer de oídas hacia uno de conocer con el corazón. Job pudo decir: 'He sabido de ti sólo de oídas, pero ahora mis ojos te ven.'"[5]

Es posible que alguien que lea estas palabras tenga una queja en contra de Dios. Desde hace tiempo una controversia se ha interpuesto entre tu alma y su gracia. Si fueses a mencionar la palabra que está temblando en tus labios, le dirías a Él: "¿Por qué has tratado conmigo de esta forma?" Luego te atreverías a decir, con reverencia y audacia, todo lo que está en tu corazón. "Presentad vuestra causa, dice el Señor. Exponed vuestros argumentos, dice el Rey de Jacob" (Isaías 41:21). Lleva tu dolor a la luz de su rostro; envía tu queja al hogar. Luego escucha su respuesta.
Porque de seguro, con suavidad y verdad, Él se limpiará de la acusación de falta de bondad que tú traes en su contra. Y en su luz podrás ver la luz. Pero recuerda que esto es un asunto privado entre tú y tu Señor, y no debes difamarlo con nadie.[6]

DAVID M'INTYRE

Oración de confianza en Dios

Confiar en Dios en ocasiones significa aprender a descansar en su silencio. Para calmar tu corazón y tener confianza, ora este pasaje de David y luego añade tu propia oración.

ORACIÓN DE DAVID

Alma mía, espera en silencio solamente en Dios,
pues de Él viene mi esperanza.
Sólo Él es mi roca y mi salvación,
mi refugio, nunca seré sacudido.
(Salmos 62:5-6)

MI ORACIÓN

Escritura sugerida para memorizar
Salmos 88:13-14

CAPÍTULO SIETE

EL PATRÓN DE ORACIÓN DEL SEÑOR

Amo al Señor, porque oye mi voz y mis súplicas.
Porque a mí ha inclinado su oído; por tanto
le invocaré mientras yo viva.

SALMOS 116:1-2

Ya sea que le alabemos por su majestad insondable
o le hagamos peticiones por necesidades diarias,
la oración es la expresión de nuestra
dependencia en Dios, la total dependencia
de nuestra alma en su poder para sostenernos,
su misericordia para perdonarnos, su abundancia
para suplirnos, y su gloria para sumergirnos
en ella mientras reflexionamos en quién es Él.[1]

C. SAMUEL STORMS

Dios desea tener comunión con nosotros. Él nos invita, y nos provee ayuda por medio de Su Palabra y Su Espíritu. Nosotros tenemos que tener fe, deleitarnos en Él y en su voluntad y confiar en sus caminos para orar efectivamente. Pero cuando finalmente vamos al Señor, ¿qué decimos? ¿Cómo oramos? ¿Podemos orar por nuestras propias necesidades? No estamos solos haciendo estas preguntas. Los discípulos que comenzaron a observar lo vital de la vida de oración de Jesús, le pidieron a Jesús que les enseñara a orar, y Jesús con gracia contestó su petición y la nuestra.

Oración de preparación

A medida que comiences este capítulo, ora con John Wesley (siglo dieciocho) para que tu propio corazón sea fortalecido en Él.

Toma completa posesión de mi corazón, levanta allí tu trono, y manda allí como lo haces en el cielo. Habiendo sido creado por ti, déjame vivir para ti. Habiendo sido creado para ti, deja que siempre actúe para tu gloria. Habiendo sido redimido por ti, deja que te rinda a ti lo que te pertenece, y deja que mi espíritu siempre sea fiel a ti solamente.[2]

Una oración modelo

Jesús contestó la petición de los discípulos dándoles a ellos un patrón comprensivo de oración. Estudia y medita cuidadosamente Mateo 6:9-15. (La forma tradicional del Padre Nuestro es usada en las siguientes preguntas; algunas versiones de la Biblia ponen la frase final entre paréntesis o como nota al pie de la página.)

1. "Padre nuestro". ¿Qué piensas que sea el significado de esta apertura en la oración?

2. "Que estás en los cielos". ¿Por qué piensas que es importante que reconozcamos que Él está en el cielo?

3. "Santificado sea tu nombre". Define la palabra *santificado* y cómo se aplica a nuestro Padre celestial.

4. "Venga tu reino. Hágase tu voluntad, así en la tierra como en el cielo". Escribe de otra manera esta petición como una expresión de tu deseo de participar en su cumplimiento.

5. "Danos hoy el pan nuestro de cada día". ¿Qué piensas que el "pan nuestro de cada día" significa, y por qué lo tenemos que pedir un día a la vez?

6. "Y perdónanos nuestras deudas, como también nosotros hemos perdonado a nuestros deudores" (ver también los versos 14-15.) ¿Porqué piensas que Jesús asoció el perdón de Dios a nosotros con nuestro perdonar a otros?

7. "Y no nos metas en tentación, más líbranos del mal". Escribe de otra manera esta petición en tus propias palabras.

Yo nunca me preocupé por las palabras no nos metas en tentación, pero muchos de mis corresponsales sí lo están. Las palabras le sugieren a ellos lo que alguien ha llamado "una concepción de Dios de amistad con el maligno", como uno que primero nos prohíbe ciertas frutas y luego nos atrae a probarlas. Pero la palabra griega ... significa "prueba" "circunstancias difíciles" de todo tipo; una palabra mucho más amplia que la que se usa en español "tentación". Así que la petición en esencia es: "Haz recto nuestros caminos. Líbranos cuando sea posible, de todas las crisis, ya sea de tentación o aflicción"... "En mi ignorancia yo he preguntado por A,B, y C. Pero no me las des si Tú vislumbras que éstas en realidad serán para mí trampas o tristezas." ...Si Dios hubiera concedido todas las oraciones tontas que he hecho en mi vida, ¿dónde estaría yo ahora?[3]

C.S. LEWIS

8. "Porque tuyo es el reino y el poder y la gloria para siempre jamás, Amén." Mira nuevamente las frases anteriores que acabas de estudiar. ¿Cómo resume esta frase final el Padre nuestro?

9. Esta oración modelo enseñada por Jesús es breve pero profunda. ¿Cómo resumirías las características o elementos clave de este modelo que provee un patrón de cómo Dios desea que nosotros oremos?

Pero la gran belleza del Padre Nuestro es que mantiene su centro de atención en Dios. Nosotros podemos ser el objeto gramatical de algunas de las oraciones en ella, pero nunca somos el sujeto; tan sólo Dios tiene esa posición. Aun en la confesión, volvemos nuestros ojos a Él y decimos, "Tú nos das el pan... Tú nos perdonas... Tú nos guías... Tú nos libras". Ese tipo de oración nos rinda a menudo una necesaria corrección. Porque quizás la tentación más sutil, el mal más persistente de todos es estar nosotros de pie en el lugar que por derecho le corresponde a Dios, en el centro del paisaje de nuestros corazones.[4]

PAUL THIGPEN

REFLEXIONES DE LA AUTORA

Padre, gracias por esta oración que es concisa, sin embargo, abarca tanto. Tú has dado el bosquejo perfecto que debemos seguir y sobre el cual construir. Ya no tengo que seguir especulando, *¿Cómo debo orar?*

La oración es mejor cuando estoy a solas contigo y sin distracción. Qué especial es que Tú desees comunión secreta conmigo. ¡Qué libertad me das, porque Tú conoces ya mis necesidades, así que yo no tengo que darte muchos detalles para informarte!

Estoy contenta de que Tú seas *nuestro* Padre. Me ayuda a recordar el orar por otros, recordar que no estoy sola en mis luchas o mi alabanza. Aunque Tú eres soberano, majestuoso y estás en el cielo de donde sé que reinas, también Tú eres nuestro *Padre*. Tú me amas y cuidas de mí; yo soy tu hija. Yo puedo meditar en eso largo tiempo. Tú eres santo y yo voy a ti con gran reverencia. Establecer tu reino aquí en la tierra debe ser mi ardiente preocupación al orar como al vivir. Desear que tu voluntad y tu gloria sea evidente en nuestro mundo, comienza conmigo.

Padre, tú dejaste tan claro cuáles son las cosas más importantes que necesito pedir de ti. Gracias que puedo pedirte en forma simple y directa por mis necesidades diarias. Tú no deseas que yo tenga inquietud en cuanto a la provisión futura. Tú deseas que yo tome un día a la vez. Siempre debo ir delante de ti confesando mi pecado y asegurándome de tener una conciencia limpia ante ti y los demás. No importa por lo que yo pase, Señor, manténme limpia, firme y protegida de todo mal. Yo soy débil y necesito de ti. Porque es tu reino y tu poder y tu gloria lo que deseo poner en alto.

> *En esta oración Jesús estableció los principios que gobiernan la relación del hombre con Dios y estos son pertinentes a los creyentes en cada época. Debe notarse que Él no dijo: "ora con estas palabras exactas", sino "Vosotros pues, orad de esta manera" (v.9). Él estaba dando un patrón, no una forma inflexible. El empleo de las palabras exactas puede variar grandemente, mientras que la oración individual por sí misma se amolda al patrón dado.*[5]
>
> J. OSWALD SANDERS

Una oración de adoración

David alaba y le pide a Dios de forma continua a través de su vida. Ora esta oración que él hizo, y añade tu propia oración para una actitud o postura apropiada mientras vas a Dios en oración.

ORACIÓN DE DAVID

Tu reino es reino por todos los siglos,
y tu dominio permanece por todas las generaciones.
El Señor sostiene a todos los que caen,
y levanta a todos los oprimidos.
A ti miran los ojos de todos,
y a su tiempo tú les das su alimento.
(Salmos 145:13-15)

MI ORACIÓN

Escritura sugerida para memorizar
Salmos 116:1-2

CAPÍTULO OCHO
ORACIÓN INTERCESORA

Confesaos sus pecados unos a otros, y orad unos por otros para que seáis sanados. La oración eficaz del justo puede lograr mucho.

SANTIAGO 5:16

Cuídate de imaginarte que la intercesión significa traer nuestra compasión a la presencia de Dios y demandar que Él haga lo que le pedimos. Poder acercarnos a Dios está basado por completo en la identificación vicaria de nuestro Señor con el pecado. Nosotros tenemos "confianza para entrar al Lugar Santísimo por la sangre de Jesús". Intercesión vicaria significa que nosotros substituimos nuestra compasión natural hacia los demás por el interés de Dios por ellos.[1]

OSWALD CHAMBERS

El Padre Nuestro nos enseña a orar en sentido de lo *nuestro* y *nosotros*. La intercesión está entretejida en el tapiz de la enseñanza de Jesús sobre la oración. Se nos dice en Romanos 8:27 y en 8:34 que el Espíritu Santo y Cristo Jesús interceden por nosotros. La intercesión es preciosa al corazón de Dios. Interceder significa implorar a favor de alguien. Si nosotros permanecemos en Él y sus deseos son nuestros deseos, entonces no podemos evitar preocuparnos por los demás. Nuestra familia, nuestra iglesia, nuestros amigos, nuestros vecinos, nuestros enemigos, nuestro mundo, nuestros líderes, todos necesitan de nuestras oraciones. Yo aprecio tanto la forma en que Pablo recomendó a Epafras a los Colosenses: "Epafras, que es uno de vosotros, siervo de Jesucristo, os envía saludos, siempre esforzándose intensamente a favor vuestro en sus oraciones, para que estéis firmes, perfectos y completamente seguros en toda la voluntad de Dios" (Colosenses 4:12). Es un privilegio esforzarse intensamente por otros.

Oración de preparación

A medida que comienza este capítulo ora con San Policarpo (primer-segundo siglo) por un corazón para interceder.

> Que Dios el Padre, y el eterno sumo sacerdote Jesucristo, nos edifique en la fe, la verdad y el amor y nos conceda nuestra porción entre los santos con todos aquellos que creen en nuestro Señor Jesucristo. Oramos por todos los santos, por reyes y gobernantes, por los enemigos de la cruz de Cristo, y por nosotros mismos oramos para que nuestro fruto abunde y seamos hechos perfectos en Cristo Jesús nuestro Señor. Amén.[2]

Un intercesor equipado

1. Santiago nos dice que "la oración eficaz del justo puede lograr mucho" (5:16). Estudia Efesios 6:10-18 y escribe sus respuestas a las siguientes preguntas.

    a. ¿Dónde se encuentra nuestra fortaleza? (verso 10)

    b. ¿Por qué es la armadura de Dios necesaria? (verso 11-12)

    c. ¿Qué es la armadura de Dios? (verso 14-17)

    d. ¿Qué debemos hacer nosotros una vez que nos hemos puesto toda la armadura? (verso 18)

2. A medida que meditas en tu estudio de este pasaje de Efesios, escribe tus pensamientos en cuanto al por qué necesitamos ponernos la armadura de Dios para poder orar.

Esa palabra oración es la cumbre de esta larga oración gramatical y de toda esta epístola [de Efesios]. Este es el tipo de acción que cambia el flanco del enemigo, y los hace huir. Él, simplemente no puede enfrentarse a un trabajo persistentemente hecho de rodillas.

Ahora fíjate en la sutileza y el entusiasmo de la descripción que hace Pablo sobre el hombre que hace su labor más efectiva en oración. Hay seis requisitos bajo la figura de las seis piezas de la armadura. Una clara comprensión de la verdad, una vida pura de obediencia, un servicio dispuesto, una simple y sólida confianza en Dios, la seguridad clara de nuestra propia salvación y de nuestra relación con Dios y un buen concepto de la verdad por los demás, estas cosas preparan al hombre para el verdadero conflicto de la oración. Tal hombre, orando, hace retirar estas huestes del príncipe traidor. Tal hombre en oración es invencible en su Jefe, Jesús.[3]
S.D. GORDON

3. El deseo de Pablo era interceder por la iglesia. Lee estas oraciones y escoge una que te gustaría comenzar a usar por alguien en tu lista de oración: Efesios 3:14-21, Colosenses 1:9-12, 2 Tesalonicenses 1:11-12. Junto al nombre de la persona, escribe las peticiones principales en esta oración.

Pablo no oró para que ellos fuesen liberados del sufrimiento. Ni tampoco pidió que fuesen añadidas riquezas materiales a su celo espiritual. Él no dijo nada en cuanto a enfermedades o sanidades o mejores trabajos, o ninguna otra de esas cosas por las que nosotros oramos y pedimos a otros que oren a nuestro favor. Tales peticiones no son siempre inadecuadas, pero vemos que Pablo consideró la sabiduría, el conocimiento y la revelación espiritual como algo de mayor valor.[4]

C. SAMUEL STORMS

---

4. La Escritura nos enseña a orar por las naciones y autoridades gobernantes. ¿Qué puedes aprender de los siguientes pasajes sobre cómo debemos orar por nuestro mundo?

2 Crónicas 7:11-16

1 Timoteo 2:1-2

Mucho más de la vida de nuestra nación es moldeada por la oración que por la legislación.... La acción más importante que contribuye a cualquier salud o fuerza que exista en nuestra tierra es la oración.[5]
EUGENE PETERSON

---

5. La oración de Jesús el sumo sacerdote es un ejemplo precioso de intercesión. Lee su oración en Juan 17, y escribe tus impresiones en cuanto a sus peticiones por los discípulos y por todos los creyentes.

*¿Por qué Dios necesita de nuestras oraciones?
Si Él sabe lo que es mejor para uno, ¿por qué no lo
hace sin involucrarnos a nosotros? Esta es la otra
dimensión de la unidad por la que Jesús oró. Él vino
no sólo para hacernos uno con Dios, sino para
llamarnos a unidad entre nosotros. La reconciliación
por la que Él murió y resucitó para proveer, y
regresó para impartir, es tanto vertical como
horizontal: Es con Dios y entre nosotros y los
demás. Por esto es que la oración intercesora es tan
crucial. El Señor desea que seamos del uno al otro,
lo que Él ha sido para nosotros en amor, perdón y
cuidado ilimitado. El misterio de todo esto es que
a menudo no bendecirá a otra persona hasta que
nosotros hayamos orado. Cuando nosotros oramos,
su amor fluye por medio nuestro hacia
la otra persona.*[6]

LLOYD JOHN OGILVIE

---

6. Es un privilegio trabajar de todo corazón en oración intercesora. ¿Qué le gustaría cambiar o fortalecer en la forma que usted ora por los demás?

REFLEXIONES DE LA AUTORA

Un día me estaba sintiendo algo deprimida. Oré y le pregunté al Señor la causa de esto, pero no recibí una respuesta específica. Un rato más tarde, la tristeza se fue y le pregunté al Señor: "¿Qué sucedió?" De inmediato, en mi corazón, escuché este pensamiento: *Alguien acaba de orar por ti.*

"Señor, hazme sensible al impulso del Espíritu Santo" es una oración constante en mí. Siempre que alguien es puesto en mi corazón o traído a mi mente, yo necesito ser un intercesor. A menudo no sé exactamente por qué orar y por eso es bueno estudiar las oraciones de Pablo y la oración del Señor en Juan 17. Yo he tomado algunas de las peticiones de Jesús y las he orado por mi familia y por otros cuando no estoy segura de la necesidad. Yo oro que ellos lleguen a conocer a Dios, sean guardados en su nombre, sean guardados del maligno y sean santificados en la verdad.

También he encontrado beneficioso orar pasajes específicos de las Escrituras por los demás. A medida que conozco la necesidad, encuentro oraciones, salmos o versículos que hablan a su situación. Por ejemplo, para alguien que se ha alejado del Señor yo oro 2 Timoteo 2:25-26, "por si acaso Dios les da el arrepentimiento que conduce al pleno conocimiento de la verdad, y volviendo en sí, escapen del lazo del diablo, habiendo estado cautivo de él para hacer su voluntad".

Qué poco nos damos cuenta del impacto que nuestra intercesión tiene en el reino de Dios. Dios tiene la gracia de darnos el privilegio de la oración que nos permite participar con Él en ministrar a otros.

Una de las primeras lecciones que aprendimos juntos fue que antes de pedir nada debiéramos averiguar si esto estaba de acuerdo con el pensamiento del Señor. Esta... intercesión necesitaba de un tipo de preparación especial. Necesitaba tiempo, tiempo para escuchar, para comprender, para "esperar". Y ésta es la confianza que tenemos delante de Él, que si pedimos cualquier cosa conforme a su voluntad, Él nos oye: y si sabemos que Él nos oye en cualquier cosa que pidamos, sabemos que tenemos las peticiones que le hemos hecho. Mientras más meditemos sobre todo lo que está dicho en cuanto a la oración en el único libro en el mundo que puede hablar con autoridad sobre esto, más nos encontramos pidiendo ser llenos del conocimiento de su voluntad antes de ofrecer peticiones por un bien deseado. Cuando hemos tenido duda en cuanto a su voluntad (a menudo la tuvimos y la tenemos) y no tenemos libertad de pedir por una señal clara, allí estaba la oración de oraciones ya enmarcada para nosotros: Hágase tu voluntad, cualquiera que sea esa voluntad. Pero cuando deseamos conocer en realidad los deseos de nuestro Señor, se nos tiene que mostrar cuáles son estos antes de poder poner nuestra oración junto a ellos y a menudo nuestra primera oración fue por comprensión y dirección espiritual en la oración.[7]

AMY CARMICHAEL

Una oración para ser un intercesor equipado y comprometido

Dios habló a Ezequiel diciendo: "Busqué entre ellos alguno que levantara un muro y se pusiera en pie en la brecha delante de mí a favor de la tierra, para que yo no la destruyera, pero no lo hallé" (Ezequiel 22:30). A menudo el Señor está buscando a alguien que se "ponga de pie en la brecha" en oración. Únete a Samuel en la decisión de ser ese, y añade tu propia oración expresando tu deseo de ser un fiel intercesor.

UNA ORACIÓN DE RESOLUCIÓN

Y en cuanto a mí, lejos esté de mí que peque contra el Señor cesando de orar por vosotros, antes bien, os instruiré en el camino bueno y recto (1 Samuel 12:23).

MI ORACIÓN

Escritura sugerida para memorizar
Santiago 5:16

CAPÍTULO NUEVE

PERSEVERANDO EN LA ORACION

*Perseverad en la oración, velando en ella
con acción de gracias.*

COLOSENSES 4:2

*Cuando nos sentimos con menos deseos de orar,
ese es el momento en que debemos orar más.
Deberíamos esperar quietos delante de Dios y
decirles cuán fríos y sin deseos de orar están
nuestros corazones, mirar hacia Él, confiar en
Él y esperar que Él envíe al Espíritu Santo a
abrigar nuestros corazones y atraerlos hacia
la oración. No pasará mucho tiempo antes que
el brillo de la presencia del Espíritu llene
nuestros corazones y nosotros comencemos
a orar con libertad, de forma directa,
con deseos y poder.*[1]

R. A. TORREY

Pablo le pide a los Colosenses que se *mantengan* constantes en la oración. Alguien que se mantiene constante es fiel, no se cansa, persiste y persevera. En nuestra devoción a la oración, se nos ordena estar alerta en nuestra oración teniendo una actitud de agradecimiento. Perseverar en la oración y la alabanza es imperativo si vamos a convertirnos en mujeres de oración. ¡Es difícil continuar orando cuando no nos sentimos con deseos de orar, y también es difícil alabar a Dios cuando no estamos orando! La devoción no involucra solamente disciplina para continuar orando, sino también implica persistencia y paciencia para esperar por la respuesta a nuestras oraciones. Alabanza y agradecimiento son una parte esencial de la oración perseverante. Mientras más nos concentramos en la alabanza a Dios, más devotos y fieles nos volvemos.

Oración de preparación

A medida que comienzas este capítulo, ora con George Herbert (siglo diecisiete) para que Dios te guíe a una vida de alabanza continua:

> Tú me has dado tanto,
> concédeme una cosa más, un corazón agradecido;
> No agradecido cuando me complaces,
> como si Tus bendiciones tuvieran días de sobra,
> sino uno cuyos latidos puedan ser la alabanza a Ti.[2]

Devoción para orar

1. "Ora y no desmayes" son palabras de Jesús usadas para enseñar sobre la importancia de perseverar en la oración. Lee la parábola de Lucas 18:1-8 y escribe acerca de perseverar en la oración.

Ya que Dios es un Padre celestial amoroso que conoce todas nuestras necesidades mejor que nosotros las conocemos, ¿por qué debiera Él exigirnos que le importunemos? ¿Por qué simplemente no nos concede nuestros requerimientos, como es muy capaz de hacer? Esto es de alguna forma un misterio, y su respuesta no aparece en la superficie. Podemos estar seguros de que no hay reservas de parte de Dios en darnos cualquier cosa que sea buena para nosotros. Él no necesita ser coaccionado, porque Él no es caprichoso. La oración no es un medio de extorsionar para recibir bendiciones de manos no dispuestas... Las respuestas deben ser buscadas en otro lugar. La necesidad debe descansar en nosotros, no en Dios. No es Dios quien está a prueba, sino nuestra propia madurez espiritual.[3]

J. OSWALD SANDERS

---

2. Puede parecer confuso continuar presentando la misma petición una y otra vez. ¿Por qué piensas que Dios desea que nosotros continuemos pidiéndole a Él?

3. Ana es un hermoso ejemplo de una oración devota. Lee 1 Samuel 1:1-18 y describe su situación y persistencia.

> *El hombre fuerte de oración cuando comienza a orar por algo, continúa orando hasta que lo logra, y obtiene lo que busca. Nosotros debemos ser cuidadosos de lo que pedimos de Dios, pero cuando comenzamos a orar por algo nunca debemos darnos por vencidos en nuestra oración por ello hasta que lo logremos, o hasta que Dios nos muestre de forma clara y definitiva que no es su voluntad dárnoslo.*[4]
>
> **R.A. TORREY**

Gratitud en la oración

4. Dios, como no es un Dios injusto, contestó la oración ferviente y firme de Ana. Lee su oración de júbilo y escribe las alabanzas específicas de ella sobre el carácter de Dios (1 Samuel 2:1-10).

> *Qué grandes cosas dice ella de Dios. Ella presta poca atención a la específica misericordia que ahora disfrutaba, no elogia a Samuel como el hijo más hermoso, el más apto y sensible de su edad que ella nunca haya visto, como los padres son tan propensos a hacer. No, ella ignoró el don y alabó al dador; no ocurre así con la mayoría de las personas, que olvidan al dador y se aferran solamente al don. Cada arroyo debería guiarnos a la fuente; y el favor que recibimos de Dios debería levantar nuestra admiración por las perfecciones infinitas que hay en Dios.[5]*
>
> MATTHEW HENRY

5. Dar gracias es una parte integral de la oración. Estudia estos versículos y escribe un párrafo sobre por qué piensas que debemos ser agradecidos cuando oramos: Filipenses 4:6-7; Colosenses 3:16-17, 4:2.

6. Dios proclama: "El pueblo que yo he formado para mí, proclamará mi alabanza" (Isaías 43:21). La alabanza es una oración de gozo, de agradecimiento, de adoración. Lee Salmos 146 y escribe por qué el salmista alabó a Dios.

> *La alabanza y el agradecimiento no cambian mágicamente mis circunstancias. Ellos alteran radicalmente mi punto de vista. La alabanza el agradecimiento me traen de regreso a la presencia de Dios, donde hay plenitud de gozo y delicias para siempre.*[6]
>
> JENNIFER KENNEDY DEAN

REFLEXIONES DE LA AUTORA

Sabiendo que el Señor no desea que nadie perezca, sino que todos vengan al arrepentimiento (2 Pedro 3:9), yo comencé a orar por la salvación de mi padre. Oré con bastante regularidad durante veintitrés años. ¡Continué diciéndole al Señor que mi padre sería tan buen testigo y que Él debiera apurarse y contestar mi oración! Seguí orando por *alguien* que testificara a mi papá. ¿Por qué él no conoció a un cristiano que compartiera el evangelio con él?

Mirando hacia atrás, veo que Dios estaba preparándome para que yo compartiera con él. Nunca olvidaré el día que estaba orando por un hombre para que compartiera con mi papá, y el Señor me susurró en mi corazón diciendo: "¿Compartirías tú con él?" "¡ Yo no, Señor, seguro que hay otra persona!" Pero qué bendición ver a mi padre venir a Cristo poco antes de morir. Dios en su infinito amor, deseó que yo estuviese allí y yo tenía que ser quien era en ese momento en mi vida para compartir en la forma correcta.

Porque oré constantemente y pude ver los resultados, no pude evitar el estar agradecida. Durante ese período de veintitrés años, yo aprendí a confiar y depender. Dios era capaz de cambiarme a mí en la preparación de su voluntad al contestar. El proceso y la respuesta son ambos dignos de alabanza.

> *La bendición de tal tenaz oración es indescriptible.*
> *No hay nada que escudriñe más el corazón que la*
> *oración de fe. Le enseña a descubrir y confesar, y*
> *ceder todo lo que estorba la llegada de la bendición;*
> *todo lo que puede que no esté de acuerdo con*
> *la voluntad del Padre. Nos lleva a un compañerismo*
> *más cercano con Él, el único que puede enseñarnos*
> *a orar, hacia una entrega más completa, a acercarnos*
> *no bajo una cubierta sino bajo la sangre, y el*
> *Espíritu. Nos llama a habitar tan sólo en Cristo*
> *de forma más simple y cercana. ¡Cristianos!*
> *Denle tiempo a Dios. El perfeccionará aquello*
> *que les preocupa.*[7]
>
> ANDREW MURARY

Oración para un corazón que persevera

David fue un hombre conforme al corazón de Dios, y sus salmos están llenos de alabanza. Ora con él esta oración de gratitud, y luego escribe tu propia oración de devoción y alabanza.

ORACIÓN DE DAVID

Pero yo soy como olivo verde en la casa de Dios;
en la misericordia de Dios confío eternamente
y para siempre.
Te alabaré para siempre, por lo que has hecho
y esperaré en tu nombre, porque es bueno,
delante de tus santos.
(Salmos 52:8-9)

Escritura sugerida para memorizar
Colosenses 4:2

CAPÍTULO DIEZ

ACEPTANDO LA INVITACIÓN DE DIOS

Escucha, oh Señor, mi voz cuando clamo;
ten piedad de mí, y respóndeme.
Cuando dijiste: Buscad mi rostro
mi corazón te respondió:
Tu rostro, Señor buscaré.
SALMOS 27:7-8

Una de las primeras lecciones de nuestro Señor
en su escuela de oración fue: No ser visto por
los hombres Entra en tu aposento; quédate a solas
con el Padre. Una vez que Él nos ha enseñado
que el significado de la oración es un contacto
personal e individual con Dios, Él procede
a la segunda lección: Tú no tienes tan solo
necesidad de la oración hecha a solas y en
secreto, sino también de la oración pública y
unida. Y Él nos da una promesa muy especial
para la oración unida de dos o tres que estén
de acuerdo sobre lo que piden.[1]
ANDREW MURRAY

Qué amor, ternura y gracia ha derramado Dios sobre nosotros por medio de su invitación a pasar tiempo con Él a solas en oración. Me asombra que Dios ordene la oración para nuestro gozo y refrigerio y para el privilegio de participar en el establecimiento de su Reino. Él nos llama a una relación íntima por medio de la oración, en la cual nos capacita para conocerle y para ser transformados a su imagen. Esta invitación es exclusiva para cada uno de nosotros de forma individual; pero también nos incluye a todos, porque Dios desea bendecirnos cuando nosotros como cuerpo, nos unimos en oración delante de Su trono.

Oración de preparación

A medida que comienzas a estudiar, ora con Andrew Murray (siglo veinte) por un deseo de tener intimidad con Dios.

> ¡Señor! Enséñame a pasar tiempo contigo, en la escuela [de la oración], y darte tiempo a ti para que me entrenes. Que un profundo sentido de mi ignorancia, del formidable privilegio y poder de la oración, de la necesidad del Espíritu Santo como el Espíritu de oración, me guíe para echar fuera mis pensamientos sobre lo que yo pienso que conozco, y me haga arrodillarme delante de ti con un espíritu pobre y listo para aprender.[2]

Oración a solas

1. Jesús oró continuamente durante su ministerio. Después de uno de sus intervalos solitarios, los discípulos le pidieron que les enseñase a orar (Lucas 11:1). Lee los siguientes pasajes y escribe las maneras en las cuales Jesús es nuestro modelo de oración.

Marcos 1:35

Lucas 5:15-16

---

2. En el Sermón del Monte, Jesús nos enseña acerca de la oración en secreto. Estudia Mateo 6:5-8 y escribe su enseñanza. ¿Por qué piensas que Él enfatizó esta forma en particular de acercarse a Dios?

Ciertamente, si vamos a tener un momento de quietud establecido en medio de la prisa de las obligaciones y de evitar que ese tiempo sea violado, tenemos que ejercitar tanto el planearlo como la negación propia. Tenemos que estar preparados para dejar muchas cosas que nos son placenteras, y algunas que son lucrativas. No dejes que alguien que tiene tiempo para vanidades diga que no tiene suficiente tiempo para orar. Nosotros tenemos que reclamar nuestro tiempo. Puede que sea de la recreación, o de acontecimientos sociales, de los estudios, o de obras benéficas. De dondequiera que éste venga, tenemos que encontrar el tiempo cada día para entrar en nuestro aposento, y habiendo cerrado la puerta, orar a nuestro Padre que está en secreto.[3]

DAVID M'INTRYRE

3. Medita en el deseo de Dios de intimidad contigo. ¿Cuál es uno de los cambios que te gustaría hacer para poder profundizar tu relación con Él por medio de la oración?

4. Pasar tiempo en secreto con el Señor es crucial para responder a su invitación de intimidad, pero nuestra relación no queda en espera porque dejamos nuestro aposento y salimos al mundo. Lee los versículos a continuación y escribe los pensamientos y ejemplos acerca de la oración en el contexto de nuestras circunstancias diarias.

Nehemías 2:1-5

1 Tesalonicenses 5:16-18

> *La oración será fatigosa si se hace en voz alta y se sostiene por largo tiempo. La oración oral y mentalmente ordenada en palabras aunque no sea hablada no puede ser hecha sin cesar. En cambio hay una corriente subterránea de oración que puede correr de continuo bajo el arroyo de nuestros pensamientos y nunca cansarnos. Tal oración es el aliento silencioso del Espíritu de Dios que mora en nuestros corazones.*[4]
>
> DAVID M'INTYRE

Hay momentos cuando es apropiado acompañar la oración con ayuno. Pero Dios es muy específico sobre por qué y cómo debemos ayunar. ¿Qué te enseñan los siguientes pasajes sobre la disciplina espiritual?

Isaías 58:1-7

Mateo 6:16-18

> *El propósito de ayunar no es para llegar a Dios, sino para permitirle a Él llegar a nosotros... Durante el ayuno, deberías pasar el tiempo que de otra forma pasarías comiendo, en oración y buscando a Dios... Puede que desees comenzar con un ayuno corto. Deja una comida y usa ese tiempo en oración y estudio de la Biblia... El ayuno no es un requisito. No dejes que se vuelva una obligación. Dios debe iniciar y mantener el ayuno. Será un privilegio y un gozo. El tiempo de ayuno es un tiempo de verdadera intimidad.[5]*
>
> JENNIFER KENNEDY DEAN

Orando en comunidad

6. Orando con otras personas nos sentimos más cerca del Señor y uno del otro. ¿Qué promesas en cuanto a la oración son dadas en Mateo 18:19-20?

> *Cuando dos o más creyentes se unen a orar, a menudo ellos se unen con diferentes ideas sobre qué pedir y con una comprensión diferente sobre cuál es la voluntad de Dios en el asunto. Uno puede pensar que Dios desea sanar al enfermo. Otro puede pensar que Él está trayendo esta prueba de la enfermedad para enseñar al afligido. Pero a medida que buscan un acuerdo y unidad de la petición, ellos comienzan a escuchar la voz de Dios paulatinamente ajustando sus diferentes pensamientos... a la voluntad de Dios. Y su oración es contestada.[6]*
>
> KENT R. WILSON

---

7. Considera la promesa de Dios de dos o tres reunidos. ¿Qué tan importante piensas que es que el grupo esté verdaderamente de acuerdo, y por qué?

REFLEXIONES DE LA AUTORA

Siempre es agradable recibir una invitación de alguien cuya compañía disfrutamos. Directamente hemos sido invitados por Dios para conocerlo, para experimentarlo, y para ser parte de su plan. Rechazar tal petición parece inconcebible. El Dios eternamente majestuoso del universo desea conversar *conmigo*, ¿cómo puedo yo decir que no?

Sin embargo, me sorprendo rehusando la invitación de Dios. ¿Por qué? Porque soy egoísta; he sido atraída por mis propios deseos. No busco primero su Reino; no busco su rostro. Me permito ser distraída. Estoy muy ocupada. Sin embargo, el Señor dice que no tengo que vivir de esta forma. Yo puedo cambiar. Él me ha extendido una llamada maravillosa. Él me ha dado Su Espíritu para hacer posible que yo acepte la invitación. Yo puedo escoger entrar en su aposento secreto; puedo escoger pasar tiempo con mis amigos intercediendo por los que Dios ponga en nuestros corazones y por lo que le traerá gloria a Él.

Yo deseo lo mejor de Dios. Deseo conocerlo, y verlo actuar. *La Biblia al Día*, parafrasea Jeremías 33:3, "Pregúntame y yo te revelaré algunos notables secretos acerca de lo que habrá de ocurrir aquí." Qué trágico sería perder los secretos extraordinarios de Dios porque nunca tomé el tiempo suficiente para contestar su llamado.

"Hasta ahora nada habéis pedido en mi nombre; pedid y recibiréis, para que vuestro gozo sea completo" (Juan 16:24).

En su condescendencia divina, le ha parecido bien a Dios que la obra de Su Espíritu siga a la oración de su pueblo. Él espera por su intercesión, que muestra la preparación del corazón, para ver en qué medida están estos dispuestos a ceder al control de su espíritu.

Dios gobierna al mundo y Su Iglesia por medio de las oraciones de su pueblo. "Que Dios haya hecho el extendimiento de su reino dependiente a tal grado de la fidelidad de su pueblo en la oración, es un misterio formidable, y sin embargo, una certeza absoluta". Dios hace un llamado a los intercesores: en su gracia Él hace que su obra dependa de ellos: Él espera por ellos.[7]

ANDREW MURRAY

Oración para buscar a Dios

Nadie expresa el deseo en la forma que David lo hace. En el Salmo 63 él describe su añoranza de Dios.

ORACIÓN DE DAVID

Oh Dios, tú eres mi Dios; te buscaré con afán.
Mi alma tiene sed de ti, mi carne te anhela cual tierra seca y árida donde no hay agua.

(Salmos 63:1)

MI ORACIÓN

Escritura sugerida para memorizar

Salmos 27:7-8

CAPÍTULO ONCE

DULCE HORA DE ORACIÓN

Porque mejor es un día en tus atrios que
mil fuera de ellos.
Prefiero estar en el umbral de la casa de mi
Dios, que morar en las tiendas de impiedad.
SALMOS 84:10

Dulce hora de oración, dulce hora de oración,
Tus alas sostendrán mis peticiones
A Él cuya verdad y fidelidad
Se prepara a bendecir el alma que espera:
Y ya que Él me ofrece que busque su rostro,
Crea en Su Palabra y confíe en su gracia,
Yo pondré en Él toda mi ansiedad,
Y esperaré por ti, dulce hora de oración.[1]
WILLIAM W. WALFORD

L a gentil invitación de Dios a una intimidad por medio de las dulces horas en oración es nueva cada día. Podemos sentirnos descorazonados con nuestra falta de oración, pero Dios continúa pidiendo que le hablemos. Nuestros fracasos del pasado o promesas de ser más fieles en la oración no nos debe mantener alejados de responder de nuevo a Su deseo de comunicar Su amor, Su fidelidad, y Su deseo de estar con nosotros. Cuando nosotros respondemos a Su deseo de intimidad, la oración se convierte en una prioridad y en una necesidad. Creemos con todo nuestro corazón que un día en Su presencia es mejor que miles de días en cualquier otro lugar.

Oración de preparación

A medida que comienzas esta sesión final que te guiará a través de un tiempo separado para intimidad con el Señor, ora con Amy Carmichael (siglo veinte) por un corazón sin egoísmos:

> Desde la oración que pide que yo pueda ser
> Cobijado de los vientos que me golpean,
> del temor cuando debiera ser reconocido,
> de titubeos cuando debiera subir más alto,
> de suave yo, oh Capitán, libra
> a tu soldado que te seguirá.[2]

No hay forma de aprender a orar sino orando. No hay razonamiento filosófico sobre la oración que haya enseñado a un alma a orar. El tema está acosado con problemas, pero no hay problema en la oración para el hombre que ora... y si la oración espera por comprensión ésta nunca comenzará.[3]
SAMUEL CHADWICK

Una guía para la oración

La siguiente guía está diseñada para ser usada por una sola persona o un grupo. Antes de comenzar, escoge un lugar apropiado y un tiempo para pasar íntimamente con el Señor. Si te estás reuniendo con un grupo, separa una parte de tu tiempo para orar en forma personal y luego reunirte para compartir tus experiencias. Además de *Cómo llegar a ser una mujer de oración* y tu Biblia, encontrarás beneficioso traer contigo, papel y lápiz (un diario, si mantienes uno) un himnario y quizás tu libro devocional favorito (estos recursos adicionales pueden ser principalmente beneficiosos para largos períodos de tiempo). La meditación y estudio que has hecho en las sesiones anteriores te proveerán de un rico material del cual sacar durante esta "dulce hora", por ejemplo, un pasaje particular de la Escritura que te dio nuevas revelaciones; oraciones que escribiste que expresaron deseos importantes o peticiones; una cita que fue de particular iluminación. Puedes adaptar esta guía de oración para una sesión de cualquier espacio de tiempo, desde diez minutos hasta una hora o aun medio día o más. Usa un momento variado mientras pasas tiempo en oración: escucha, lee, ora, canta, camina, siéntate, arrodíllate, sal afuera.

Uno: "Estad quietos, y sabed que yo soy Dios" (Salmos 46:10).

Comienza leyendo un salmo o un versículo de la Escritura (como Salmos 46:10, arriba) para ayudarte a estar quieto delante de Dios. Entra en la presencia del Señor con un período de silencio y espera delante de Él. Pídele que prepare y purifique tu corazón.

Dos: "Abre mis ojos, para que vea las maravillas de tu ley" (Salmos 119:18).

Medita en un pasaje de la Escritura por medio del cual Dios parece estar hablándote en forma fresca. Si tienes una cita de un escritor de devocionales que te ayuda a traer luz a ese pasaje, léela junto con la Escritura para ayudar a tu meditación.

Tres: "Habla Señor, que tu siervo escucha" (1 Samuel 3:9).

Ahora pon la atención de tu meditación en escuchar. Pídele a Dios que imprima en ti lo que Él desea que tú aprendas o experimentes de la meditación en Su Palabra. En preparación para el próximo paso de intercesión, pídele a Dios que te indique las necesidades que Él desea que tú traigas delante de Él. A medida que sientes la libertad de hacerlo, escribe cualquier pensamiento o versículos que te indique el Espíritu Santo.

Cuatro: "Confiad en Él en todo tiempo, oh pueblo; derramad vuestro corazón delante de Él; Dios es nuestro refugio" (Salmos 62:8).

Pasa tiempo en las peticiones tuyas y en la intercesión por los demás. Puede que desees escribir tus peticiones, o traer una lista de oración contigo. Revisa tanto las oraciones finales en tu sesión anterior, como las oraciones de petición e intercesión en la Biblia, para guiarte en derramar tu corazón delante del Señor.

Cinco: "Porque Dios es Rey de toda la tierra; cantad alabanzas con armoniosos salmos" (Salmos 47:7).

Pasa tiempo alabando y dando gracias a Dios, en voz alta o en silencio, cantando o tocando un instrumento, o escribiendo tu alabanza. Usa un himnario, los Salmos, u otros pasajes de la Escritura que te guíen a glorificar a Dios.

Seis: "En Dios solamente espera en silencio mi alma; de Él viene mi salvación" (Salmos 62:1). Cierra tu período de intimidad en meditación y comunión silenciosa. Pídele al Señor que mantenga tu corazón sensitivo a Su Espíritu mientras dejas este tiempo de oración.

> *Tú puedes hacer más que orar después de haber orado. Pero tú no puedes hacer más que una oración hasta que no hayas orado.*[4]
>
> S. D. GORDON

REFLEXIONES DE LA AUTORA

"Dulce hora de oración", canta el escritor del himno. La comunión con nuestro Señor es realmente dulce, un privilegio precioso que trae gozo a nuestras almas. Este estudio es tan sólo uno de los muchos libros beneficiosos y guías sobre la oración que están disponibles para nosotros hoy, pero nuestro motivo al estudiar la oración no debe ser tratar de ser expertos en guías o listas sino contemplar a nuestro Dios, habitar en su presencia, convertirnos en un instrumento usado para su gloria.

La oración es una gentil invitación de nuestro Padre celestial para tener intimidad y unidad en lograr sus propósitos. El hecho de que Él conteste, y que Él nos bendiga abundantemente más de lo que pudiéramos pensar o pedir, demuestra su tierno deseo de que le conozcamos y confiemos en Él para nuestro bien.

El mundo ofrece un bienestar temporal y escurridizo; Dios nos invita a una relación eternamente rica por medio de dulces horas de oración... dulces no tan sólo para nosotros, sino para nuestro Señor. Verdaderamente un día en sus atrios es mejor que miles afuera.

Todo el mundo conoce ahora del viejo Père Chaffangeon, que se pasaba horas delante del altar en la iglesia en Ars sin ni siquiera mover los labios; tal parecía que estaba hablando con Dios.

"¿Y qué le dices tú a Él?", preguntó Curé.

"Oh", respondió el viejo campesino, "Él me mira, y yo le miro a Él".

"Los más grandes místicos", dice Henri Ghéon, "no han encontrado una fórmula más simple, más exacta, más completa, más sublime, de expresar la conversación del alma con Dios".[5]
WILLIAM E. SANGSTER

Una oración para las dulces horas con el Señor

La petición de David era estar en la presencia de Dios. Ora con David por un corazón que esté a tono con la comunicación constante con Dios. Considera añadir tu propia oración para permanecer con el Señor dulces horas y momentos de intimidad con Él.

ORACIÓN DE DAVID

Una cosa he pedido al Señor, y ésa buscaré:
que habite yo en la casa del Señor todos
los días de mi vida,
para contemplar la hermosura del Señor,
y para meditar en su templo.
Porque en el día de la angustia me esconderá
en su tabernáculo;
en lo secreto de su tienda me ocultará;
sobre una roca me pondrá en alto.
(Salmos 27:4-5)

MI ORACIÓN

Escritura sugerida para memorizar
Salmos 84:10

NOTAS

Capítulo uno - Una invitación a la intimidad

1. Martin Smith, "God Is a Conversation," *Union Life Magazine,* vol. 18, no. 4 (Mayo/junio 1993), p. 8.
2. Julian de Norwich, citado en *Prayers Across the Centuries* (Wheaton, Ill.: Harold Shaw, 1993), p. 80.
3. O. Hallesby, *Prayer* (London: Inter-Varsity, 1959), p. 7.
4. Charles Spurgeon, *The Power of Prayer in a Believer's Life,* Robert Hall, ed. (Lynnwood, Wash.: Emerald Books, 1993), p. 22.
5. John Owen, en *The Treasury of David,* Charles Spurgeon, ed. (McLean, Va.: MacDonald, n.d.), p. 313.
6. Oswald Chambers, *My Utmost for His Highest* (Westwood, N.J.: Barbour & Co., 1935), 28 agosto.

Capítulo dos: Orando en fe

1. O. Hallesby, *Prayer* (London: Inter-Varsity, 1959), p. 25.
2. John D. Grassmic en Marcos 11:22-24, *The Bible Knowledge Commentary: New Testament Edition,* John F. Walvoord y Roy B. Zuck, ed. (Wheaton, Ill.: Victor, 1983), p. 158.
3. Thomas à Kempis, citado en *Prayers Across the Centuries* (Wheaton, Ill.: Harold Shaw, 1993), p. 81.
4. S. E. Gordon, *Quiet Talks on Prayers* (Nueva York: Grosset & Dunlap/Revell, 1941), p. 150.
5. Grassmic, pp. 158-59.
6. R. A. Torrey, *How to Pray* (Chicago: Moody, 1960), pp.50-51.
7. Ray Palmer, "My Faith Looks Up to Thee" (1808-1887).
8. Charles Spurgeon, *The Power of Prayer in a Believer's Life,* Robert Hall, ed. (Lynnwood, Wash.: Emerald Books, 1993), p. 35.

Capítulo tres - La ayuda de Dios en la oración

1. Lloyd John Ogilvie, *You Can Pray with Power* (Ventura, Calif.: Regal, 1988), p. 28.

2. S.D. Gordon, *Quiet Talks on Prayer* (Nueva York: Grosset & Dunlap/Revell, 1941), p. 187.
3. E. M. Bounds, *The Complete Works of E.M. Bounds on Prayer: Book Four, The Reality of Prayer* (Grand Rapids, Mich.: Baker, 1990), p. 286.
4. Oswald Chambers, *My Utmost for His Highest* (Westwood, N.J.: Barbour & Co., 1935), 8 noviembre.
5. R. A. Torrey, *How to Pray* (Chicago: Moody, 1960), p. 57.
6. Charles Spurgeon, *The Power of Prayer in a Believer's Life,* Robert Hall, ed. (Lynnwood, Wash.: Emerald Books, 1993), pp. 39, 41.
7. Torrey, pp. 47, 61.

Capítulo cuatro - Deleitándose en Dios

1. Charles Spurgeon, *The Treasury of David,* vol.1, part 2 (McLean, Va.: Mac Donald, n.d.), p. 171.
2. Amy Carmichael, citado en Stuart y Brenda Blanch, *Learning of God: Readings from Amy Carmichael* (Fort Washington, Penn.: Christian Literature Crusade, 1985), p. 59.
3. Jennifer Kennedy Dean, *Heart's Cry* (Birmingham, Ala.: New Hope, 1992), p. 2.
4. Andrew Murray, *Prayer: A 31- Day Plan to Enrich Your Prayer Life* (Uhrichsville, Ohio: Barbour & Co., n.d.), p. 40.
5. Charles Spurgeon, *The Power of Prayer in a Believer's Life,* Robert Hall, ed. (Lynnwood, Wash.: Emerald Books, 1993), pp. 109-10.
6. Matthew Henry, *Commentary on the Whole Bible* (Iowa Falls, Iowa: Riverside, n.d.), vol 3, p. 370.

Capítulo cinco - Las respuestas de Dios

1. Mary B. M. Duncan, en *The Treasury of David,* vol. 2 (McLean, Va.: MacDonald, n.d.), p. 112.
2. San Ignacio de Loyola, en *Prayers Across the Centuries* (Wheaton, Ill.: Harold Shaw, 1993), p. 89.
3. Oswald Chambers, *My Utmost for His Highest* (Westwood, N.J.: Barbour & Co., 1935), 7 febrero.
4. O. Hallesby, *Prayer* (London: Inter-Varsity, 1959), pp. 39-40.
5. D. Martyn Lloyd-Jones, *Faith Tried and Triumphant* (Grand Rapids, Mich.: Baker, 1953), pp.10-11.

6. Frederick W. Robertson, en *Classic Sermons on Prayer,* compilado por Warren W. Wiersbe (Grand Rapids, Mich.: Kregel, 1987), pp. 47-49.
7. Richard C. Halverson, *Perspective* (Washington, D.C.: Concern, Inc.), vol. 25, no. 45, noviembre 7 de 1973.
8. S. D. Gordon, *Quiet Talks on Prayer* (Nueva York: Grosset & Dunlap/Revell, 1941), pp. 53-54.

Capítulo seis - Cuando Dios está callado

1. Phillip Yancey, *Disappointment with God* (Grand Rapids, Mich.: Zondervan, 1988), p. 207.
2. Benjamin Jenks, en *Prayers Across the Centuries* (Wheaton, Ill.: Harold Shaw, 1993), p. 99.
3. R. A. Torrey, *How to Pray* (Chicago: Moody, 1960), p. 69.
4. Oswald Chambers, *The Oswald Chambers Daily Devotional Bible* (Nashville, Tenn.: Thomas Nelson, 1992), p. 507.
5. Lloyd John Ogilvie, *You Can Pray with Power* (Ventura, Calif.: Regal, 1988), p. 92.
6. David M'Intyre, *The Hidden Life of Prayer* (Minneapolis, Minn.: Bethany, 1993), p. 51.

Capítulo siete - El patrón de oración del Señor

1. C. Samuel Storms, *Reaching God's Ear* (Wheaton, Ill.: Tyndale, 1988), p. 23.
2. John Wesley, en *Prayers Across the Centuries* (Wheaton, Ill.: Harold Shaw, 1993), p. 110.
3. C.S. Lewis, *Letters to Malcom: Chiefly on Prayer* (Nueva York: Harcourt Brace Jovanovich, 1964), p. 28.
4. Paul Thigpen, "Lead Us Not into Temptation," *Discipleship Journal* (Marzo/abril 1991), vol. 11, no. 2, pp. 41-42.
5. J. Oswald Sanders, *Prayer Power Unlimited* (Minneapolis, Minn.: World Wide Publications, 1977), p. 94.

Capítulo ocho - Oración intercesora

1. Oswald Chambers, *My Utmost for His Highest* (Westwood, N.J.: Barbour & Co., 1935), mayo 4.
2. Santo Policarpo, en *Prayers Across the Centuries* (Wheaton, Ill.: Harold Shaw, 1993), p. 50.

3. S. D. Gordon, *Quiet Talks on Prayer* (Nueva York: Grosset & Dunlap/Revell, 1941), pp. 112-12.
4. C. Samuel Storms, *Reaching God's Ear* (Wheaton, Ill.: Tyndale, 1988), p. 193.
5. Eugene Peterson, *Where Your Treasure Is* (Grand Rapids, Mich.: Eerdmans, 1985), p. 6.
6. Lloyd John Ogilvie, *You Can Pray with Power* (Ventura, Calif.: Regal, 1988), p. 78.
7. Amy Carmichael, citado en Stuart y Brenda Blanch, *Learning of God: Readings from Amy Carmichael* (Fort Washington, Penn.: Christian Literature Crusade, 1985), p. 59.

Capítulo nueve - Perseverando en oración

1. R.A. Torrey, *How to Pray* (Chicago: Moody, 1960), p. 48.
2. George Herbert, en *Prayers Across the Centuries* (Wheaton, Ill.: Harold Shaw, 1993), p. 98.
3. J. Oswald Sanders, *Prayer Power Unlimited* (Minneapolis, Minn.: World Wide Publications, 1977), pp. 71-72.
4. Torrey, pp. 54-55.
5. Matthew Henry, *Commentary on the Whole Bible* (Iowa Falls, Iowa: Riverside, n.d.), vol. 2, p. 248.
6. Jennifer Kennedy Dean, *Heart's Cry* (Birmingham, Ala.: New Hope, 1992), p. 48.
7. Andrew Murray, *With Christ in the School of Prayer* (Old Tappan, N.J.: Revell, 1953), p. 90.

Capítulo diez - Aceptando la invitación de Dios

1. Andrew Murray, *With Christ in the School of Prayer* (Old Tappan, N.J.: Revell, 1953), p. 82.
2. Murray, p. 17.
3. David M'Intyre, *The Hidden Life of Prayer* (Minneapolis, Minn.: Bethany, 1993), p. 39.
4. M'Intyre, p. 30.
5. Jennifer Kennedy Dean, *Heart's Cry* (Birmingham, Ala.: New Hope, 1992), p. 105.
6. Kent R. Wilson, "The Lost Art of Group Prayer," *Discipleship Journal* (Marzo/abril 1994), número 80, p. 44.
7. Andrew Murray, *Prayer: A 31-Day Plan to Enrich Your Prayer Life* (Uhrichsville, Ohio: Barbour & Co., n.d.), p. 10.

Capítulo once - Dulce hora de oración

1. William W. Walford, "Sweet Hour of Prayer," *Hymns for the Family of God* (Nashville, Tenn.: Paragon Associates, 1976), no. 439.
2. Amy Carmichael, citado en *A Chance to Die: The Life and Legacy of Amy Carmichael*, por Elisabeth Elliot (Old Tappan, N.J.: Revell, 1987), p. 221.
3. Samuel Chadwick, citado en *Praying from God's Heart*, por Lee Brase con Henry Helsabeck (Colorado Springs: NavPress, 1993), p. 12.
4. S. D. Gordon, *Quiet Talks on Prayer* (Nueva York: Grosset & Dunlap/Revell, 1941), p. 16.
5. William E. Sangster, en *Classic Sermons on Prayer,* compilado por Warren W. Wiersbe (Grand Rapids, Mich.: Kregel, 1987), p. 157.

ACERCA DE LA AUTORA

Cynthia Hall Heald es natural de Texas. Ella y su esposo Jack, veterinario de profesión están empleados tiempo completo con Los Navegantes, en Tucson, Arizona. Tienen cuatro hijos: Melinda, Daryl, Shelly, y Michael. Cynthia es graduada de la Universidad de Texas con un B.A. en inglés. Ella habla con frecuencia a grupos de mujeres en iglesias, seminarios y retiros.

Cynthia también es la autora de los estudios bíblicos de NavPress Bible, *Cómo llegar a ser una mujer de excelencia* (Editorial Unilit); *Cómo llegar a ser una mujer libre; Cómo ser una mujer con propósito; Intimacy with God: Pursuing a Deeper Experience of God Through the Psalms; y Loving Your Husband: Building an Intimate Marriage in a Fallen World* (un estudio paralelo de *Loving Your Wife: Building an Intimate Marriage in a Fallen World* por Jack y Cynthia Heald).